영의 보호

오 할레스비 가들리 북스 GODLY BOOKS (전4권)

사도 바울은 "크도다 '경건'godliness의 비밀이여"(딤전 3:16), "경건에 이르도록 네 자신을 연단하라"(딤전 4:7)고 말했다. 그러나 현대 그리스도인들은 경건의 가치를 등한히 하고 있다. 오직 현실의 문제 해결만을 갈구하고 있다. 실상 그리스도인의 능력의 근원은 경건에 이르기를 연습하는 길밖에 없다. 현대 그리스도인들에게 경건의 길과 경건의 실천을 안내할 수 있는 영적 스승은 현대인들의 문제를 안고 고투하는 가운데 경건의 길에 매진해 온 사람뿐이다. 이 길을 추구한 하나님의 사람이 바로 오 할레스비다. 그는 현대인들의 사고 체계와 고민을 잘 이해하는 가운데 우리를 영적 능력의 원천인 '경건한godly 삶'으로 인도한다. 이에 규장은 오 할레스비의 명저 총 4권을 할레스비 정본正本을 출간한 노르웨이의 Lunde Forlag 출판사와 정식 계약을 맺어 '오 할레스비 가들리 북스'로 출간한다.

I den Højestes Skjul
by Ole Hallesby

Copyright © 1931 Lunde Forlag, Oslo, Norway
Originally published in Norwegian under the title I den Højestes Skjul.

This Korean Edition Copyright © 2010 by Kyujang Publishing Company, Seoul, Republic of Korea.

This Korean edition is translated and used by arrangement of Lunde Forlag
through rMaeng2, Seoul, Republic of Korea.

영의 보호

오 할레스비 지음

배응준 옮김

규장

하나님이여 주의 인자하심이 어찌 그리 보배로우신지요
사람들이 주의 날개 그늘 아래에 피하나이다

시편 36편 7절

그리스도인들 가운데는 어떤 어려움이 닥쳐도 고통스러워하지 않는 사람이 있을 수 있습니다. 또 문제를 문제로 여기지 않는 분위기 속에서 지나칠 정도로 자신만만하게 그리스도인의 삶을 살아온 사람도 있을 것입니다.

생각건대, 이 책은 그런 사람들에게는 아무런 도움도 되지 못할 것입니다. 왜냐하면 이 책은 주님의 말씀을 대할 때 종종 놀라 당황하여 실망하는 그리스도인들과 죄에 대항하여 싸울 때마다 계속해서 지치고 낙심하는 많은 그리스도인들을 위해 기록되었기 때문입니다.

부디 이런 연약한 영혼들이 이 책을 읽으며 그간 겪었던 고통과 어려움이 조금이나마 그치는 것을 발견하고 그런 어려움으로부터 잠시나마 한숨 돌리는 시간을 갖게 되기를 하나님께 간절히 기도합니다. 또한 이 책이 누군가에게 도움을 주어 주님의 날개 아래 거할 수 있게 한다면, 저자로서 나의 목적은 온전히 성취된 것이라 할 수 있습니다!

오 할레스비

프롤로그

CHAPTER 01

고요 속으로

—

기도의 은밀한 곳으로 들어갈 때 하나님을 만날 수 있다

여호와 앞에 잠잠하고 참고 기다리라 시 37:7

매순간 고요함을 구하라

수천 년 전 고대 시인이 노래한 이 권고는 오늘날에도 참으로 적합한 말씀입니다. '하나님 앞에서 잠잠하는 것'은 믿음의 가장 위대하고도 어려운 성취입니다. 그 '신령한 고요'를 훼방하는 것들이 너무 많기 때문입니다.

세상은 언제나 안절부절못합니다. 특히 요즘은 어느 때보다 더 그렇습니다. 역사적으로 우리 시대만큼 소란스럽고 불안해하는 시대는 일찍이 없었습니다. 지금 우리는 "더 빨리!, 더 빨리!"를 외칩니다. 땅에서나 바다에서나 어디에서든지 그저 "더 빨리!"를 외칠 뿐입니다.

사람의 마음도 언제나 안절부절못합니다. 그리고 이 역시 요즘이 어느 때보다 심합니다. 사람들이 마치 고독과 고요함을 두려워하는 것 같습니다. 그들은 서로 고요함을 피하도록 돕기로 무언의 합의를 한 것처럼

보입니다.

우리 그리스도인들 역시 지금 시대의 소란함에 깊이 영향을 받고 있습니다. 그래서 혹자는 기독교 세대 가운데 우리처럼 소란스럽게 동요하는 세대가 과연 한 세대라도 있었는지 질문하고 싶어 합니다. 과거 하나님 백성을 "평안히 땅에 사는 자들"(시 35:20)이라 불렀던 때가 있었습니다. 그러나 그것은 이미 2천 년 전에 끝난 일입니다. 또한 과거 스칸디나비아 반도에 위치한 나라의 그리스도인들을 '말씀을 읽는 자들'이라 칭하던 때가 있었습니다. 그러나 그들이 지금도 그런 이름을 받을 자격이 있는지 나는 확신할 수 없습니다.

하나님의 말씀은 외적인 것들에 열광적으로 몰두하는 세대를 향해 "여호와 앞에서 잠잠하고 참고 기다리라"(시 37:7)라고 권고합니다. 지금 우리에게 이것보다 더 필요한 메시지가 또 있을까요?

'영원한 고요함' 속에 거하는 사람은 우리의 소란스러운 고통을 볼 때에 그 '고요함'에서 비롯되는 영원한 기쁨과 능력을 나누어주기 갈망합니다. 그래서 그는 쇠잔하고 불안해하며 경박하고 영적으로 황량해진 그리스도인들의 귀에 친구처럼 다정하게 속삭입니다.

"잠잠하세요. 우리에게 필요한 것은 고요함입니다!"

하나님께서는 바람 속에도, 지진 속에도, 불 속에도 계시지 아니하십니다. 하나님께서는 고요함 속에 계시며, 그 속에서 세미한 음성으로 말씀하십니다. 따라서 누구든지 자기 자신을 고요함 속으로 끌고 가지 않으면, 이 음성을 들을 수 없습니다.

여호와께서 이르시되 너는 나가서 여호와 앞에서 산에 서라 하시더니 여호와께서 지나가시는데 여호와 앞에 크고 강한 바람이 산을 가르고 바위를 부수나 바람 가운데에 여호와께서 계시지 아니하며 바람 후에 지진이 있으나 지진 가운데에도 여호와께서 계시지 아니하며 또 지진 후에 불이 있으나 불 가운데에도 여호와께서 계시지 아니하더니 불 후에 세미한 소리가 있는지라 왕상 19:11,12

고요함을 구하시기 바랍니다. 기도의 은밀한 곳을 찾으시고, 지금보다 더 자주 그곳에 들어가기 위해 힘써야 합니다. 하나님 앞에서 잠잠해질 때까지 기도의 은밀한 곳에 남아 있으시기 바랍니다. 만약 세상의 소동과 영혼의 불안함이 그곳까지 따라오거든, 자신의 마음을 살펴 하나님과의 관계에서 우리가 잘못한 점이 무엇인지 깨우쳐달라고 구하시기 바랍니다.

우리는 한 가지 사실에 유념해야 합니다. 그것은 바로, 우리가 하나님 앞에서 잠잠하지 못하다면, 그것은 우리가 무언가 잘못을 저질렀기 때문이라는 사실입니다. 잘못이란, 죄를 짓고서도 그 죄에 하나님의 빛을 비추기 꺼리는 것일 수 있고, 우리를 대하시는 하나님의 방법에 순종하기를 거부하는 것일 수도 있습니다.

우리는 일터에서도 고요함을 구해야 합니다. 고요함이 우리를 기다리고 있습니다. 가장 시끄러운 환경에서 일하거나 가장 힘든 노동을 하는 중에라도 영원한 나라의 고요함 속에서, 하나님의 얼굴 앞에서 거하는 것이 가능합니다. 거리를 걸을 때에도 고요함을 구하시기 바랍니다. 고요함을 우리의 친구로 삼고, 매일 동행하십시오. 쉴 때에도 고요함을 구하시기 바랍니다. 그러면 참된 쉼을 얻을 것이고, 육신과 마음과 영혼에 힘을 얻을 것입니다.

잠잠히 하나님의 음성을 들어라

고요함과 관련된 가장 큰 축복은 '영원의 음성'을 들을 수 있다는 것입니다. 즉, 영원하신 하나님께서 우리 마음에 말씀하실 때 그 음성을 들을 수 있다는 사실입니다. 그럴 때 죄는 생생한 현실이 되며, 우리 눈앞에 거대한 모습으로 등장해 우리를 무겁게 짓누르기 시작합니다. 이와 같이 죄를 깨닫는 것이 얼마나 귀한 은혜인지, 견딜 수 없는 고뇌에 빠진 영혼을 호되게 몰아쳐 위대한 의사이신 하나님께 끌고 가는 것이 얼마나 귀한 은혜인지 모릅니다.

고요함 속에 있을 때, 우리는 영원하신 하나님께서 죄인들에게 주시는 메시지를 듣습니다. '아들에 관한 메시지'와 '대속(代贖)에 관한 메시지'와 '십자가 보혈에 관한 메시지'를 듣습니다. 또한 고요함 속에 있을 때, 우리는 피투성이가 되어 벌벌 떨고 있는 우리 영혼에 은혜와 자비의 말씀을 건네시는 하나님의 음성을 듣습니다. 누구든지 일단 그 음성을 들으면 다른 음성과 절대 혼동하지 않습니다. 하나님으로부터 오는 은은한 말씀 한마디면, 우리 영혼은 평화와 확신을 얻을 뿐 아니라 용맹스럽고 강인한 영혼이 됩니다.

따라서 고난과 역경으로 인해 근심과 불안이 엄습할 때, 하나님 앞에서 잠잠하시기 바랍니다. 우리의 내면에서 성급함, 자아의 고집, 고난에 대한 두려움이 고개를 쳐들 때, 하나님 앞에서 잠잠하며 고요함을 구하시기 바랍니다.

고요하고 경건한 신앙을 회복하라

하나님 앞에서 고요함을 자주 구하는 것이 좋습니다. 하나님과 단둘이 있는 시간에 오래 머무르시기 바랍니다. 그것이 우리 영혼에 고요함을 가져다줄 것입니다. 그곳에서 우리는 하나님께 참으로 놀라운 것들을 들을 것입니다. 하나님께서 고난에 대해 말씀하실 때, 우리는 그 말씀을 결코 망각하지 않을 것이고, 이를 통해 이전과는 완전히 다른 빛 아래서 고난을 바라볼 것입니다.

하나님 앞에 잠잠히 거하는 사람은 고난을 통해 순종을 배우고, 사람이 얻을 수 있는 승리 가운데서 가장 큰 승리를 얻습니다. 히브리서 기자도 구세주에 대해 "받으신 고난으로 순종함을 배워서 온전하게 되셨은즉"(히 5:8,9)이라고 기록하고 있습니다.

손을 대는 일마다 성공하여 기쁨이 넘칠 때에도 하나님 앞에서 잠잠하시기 바랍니다. 이때 고요함을 구하고 영혼을 차분하게 가라앉혀, 성공이 선사하는 칭찬과 명예와 존경과 확신과 영향력을 지속해나가기 바랍니다.

내가 매일 제목으로 정하고 기도하는 것이 있습니다. 그것은 바로 오늘날의 젊은 그리스도인들이 기성세대보다 외적인 것에 훨씬 덜 집착하고 훨씬 덜 소란스럽게 되는 것입니다. 젊은 그리스도인들이, 자신들이 봉착한 문제가 기독교 사역의 프로그램을 확장하거나 수고의 분량을 증대시키거나 사역의 속도에 박차를 가하는 것이 아니라는 점을 자각하기 바랍니다. 문제는 그런 것이 아니라, 그리스도인의 삶의 내적인 면을 개발하고 강화시키는 것입니다. 또한 사역을 증대시켜야 한다는 중압감에 짓눌린 신앙이 아니라, 일상의 시련을 능히 견딜 수 있는 더욱 실제적이고 견고한 유형의 신앙을 위해 기도하고 힘쓰는 것입니다.

CHAPTER 02

축복 안으로

―

하나님께서는 우리의 삶에 복을 주시기 원하신다

여호와는 네게 복을 주시고 너를 지키시기를 원하며
여호와는 그의 얼굴을 네게 비추사 은혜 베푸시기를 원하며
여호와는 그 얼굴을 네게로 향하여 드사 평강 주시기를 원하노라 민 6:24-26

하나님께서 주시는 복

우리는 이 말씀을 통해 하나님의 택한 백성에게 속한 엄청난 특권을 엿볼 수 있습니다. 여기에서 하나님께서는 자신의 놀라운 복을 이 나약한 작은 민족에게 어떻게 전달할지 그 방법을 정하십니다. 이스라엘 백성이 모두 모였을 때 당시 대제사장이었던 아론 혹은 그 자손 중 한 명은 팔을 앞으로 쭉 뻗고 이 말씀을 선포해야 했습니다.

그리고 하나님께서는 이 말씀을 반드시 이룰 것이라 약속하시면서 이렇게 말씀하셨습니다.

"내가 그들에게 복을 주리라"(민 6:27).

하나님께서 우리에게 복을 주고자 하시면, 인간도 마귀도 그 복이 이르지 못하도록 막을 수 없습니다.

우리는 구약성경, 특히 시편에서 경건한 이스라엘 백성들이 단지 이스

라엘 백성의 일원이라는 이유로 실로 큰 안위와 행복을 느끼고 감사의 마음을 가지게 되었음을 노래하고, 또 단지 그런 이유로 일생을 하나님께서 주시는 복 아래에서 살아갈 수 있음을 고백하는 감격적인 표현들을 많이 발견할 수 있습니다. 그들은 기쁨과 감사 속에서 찬양의 노래를 불렀고, 그들의 입술에서 새로 터져 나오는 노래는 이전에 불렀던 노래보다 훨씬 더 아름다웠습니다.

그 당시에는 하나님께서 주시는 복을 누릴 수 있는 민족이 단 하나뿐이었습니다. 그러나 하나님께서 정하신 때가 이르러 모든 민족이 그 민족을 통하여 하나님의 복을 나누어 가질 수 있게 되었습니다. 그런 일이 지금 우리에게 일어나고 있습니다. 민족주의의 장벽은 붕괴되었습니다. '그리스도'께서 민족과 민족을 구분하는 중앙의 벽을 허무셨습니다. 그리스도께서는 지금 모든 민족과 부족과 종족으로부터 백성들, 곧 새 언약의 백성들을 뽑아 자신에게 나오도록 하고 계십니다.

과거 하나님의 택함을 받았던 백성들은 하나님께서 주신 복 아래에서 행복을 누렸습니다. 그러나 새로운 이스라엘은 그들보다 훨씬 더 부유하고 행복합니다. 과거 하나님께서 택하신 백성에게 부어주신 복은 단지 예비적인 복에 지나지 않았습니다. 그것은 하나님께서 새 언약의 이스라엘 백성에게 아낌없이 주시는 복의 상징일 뿐이었습니다.

우리에게는 우선 과거의 대제사장보다 훨씬 더 영화로우신 대제사장이 있습니다. 그분은 자신의 피를 흘려 자기 백성들의 죗값을 단번에 영원히 완벽하게 갚으셨으며, 그들을 위해 하늘의 모든 복을 얻으셨습니다. 하늘의 성소에 계신 그리스도께서는 못 자국 난 손을 자기 백성들 위에 밤낮으로 뻗으십니다. 그리고 이 손으로부터 모든 복 가운데 가장 영화로운 복이 자격 없는 죄인들 위로 뚝뚝 떨어집니다. 하나님의 아들 예수 그리스도의 보혈, 모든 죄를 정결하게 씻는 보혈이 죄인들을 흠뻑 적시는 것입니다.

이 새 언약의 백성들 가운데 하나가 되는 것이 얼마나 큰 기쁨인지, 기쁠 때나 슬플 때나 육적(肉的)으로나 영적(靈的)으로나 그분의 복된 손 아래로 피하는 법을 배운 백성의 하나가 되는 것이 얼마나 큰 환희인지 모릅니다.

하나님께서 주신 복 아래에서 사는 법을 배운 사람은 복이 있습니다. 하나님께서 주신 복으로 사는 법을 배운 사람은 복이 있습니다. 그러나 대부분의 사람에게는 이런 말들이 그저 공허한 울림으로 들립니다. 신앙에 관한 말을 듣는 데는 익숙하지만 이를 진심으로 지긋지긋하게 여기는 사람들에게는 이런 말이 무의미할 뿐입니다. 하지만 어떤 이들은 하나님께서 주시는 복 아래에서 매일의 삶을 사는 것을 땅 위에 있는 무엇보다 더 참된 것, 더 귀한 것, 더 절대적인 것으로 여깁니다.

십자가에 못 박힌 그분의 손 아래로 피하라

어떤 사람이 그동안 자신이 저지른 죄를 자각하게 될 때, 그리고 자신의 힘으로는 영원히 그 죄를 씻을 수 없다는 사실을 자각하게 될 때, 그는 피할 곳을 찾지 못해 당혹해합니다. 그의 죄가 그를 추격합니다. 사냥개처럼 뒤쫓으며 끈질기게 괴롭힙니다. 바로 그때, 그는 십자가에 못 박힌 그리스도의 손과 대속(代贖)의 피가 자신에게 필요하다는 사실을 깨닫습니다. 그는 비탄과 절망 속에서 신음하다가 마침내 하나님의 은혜를 떠나서는 살 수 없는 소수의 무리에게로 피난하려 합니다. 그는 소망보다 더 큰 두려움을 안고 과연 자기 같은 사람도 십자가에 못 박힌 손 아래로 피하는 것이 가능한지 확인하려고 애쓰지만, 그럴 때마다 두려움에 뒷걸음치며 물러나고 또 물러납니다. 그는 감히 이런 피난처를 구하는 것이 뻔뻔스럽기 그지없는 짓이라고 여깁니다.

더욱이 그 손에 가까이 가면 갈수록 그는 자신의 죄가 더 뚜렷하게 보여 괴롭습니다. 그가 과거에 범한 죄는 분명 악합니다. 그러나 그것보다 더 악한 것은 그 사람이 계속 죄를 범하고 있다는 사실입니다. 그는 진지하게 마음을 다잡지만 이전의 생활방식을 끊지 못합니다. 하지만 이것이 최악은 아닙니다. 최악은, 그가 말과 행동보다 욕구와 생각으로 훨씬 더 많은 죄를 짓는다는 사실입니다. 이제 그는 어디로 돌아가야 할까요? 그의 안팎은 온통 죄로 더럽혀집니다. 그가 행하고 말하고 생각하는 모든 것이 죄로 가득하며 부정합니다. 그에게는 정말로 십자가에 못 박힌 손과 대속의 피가 필요합니다.

과연 그런 사람도 그 손 아래로 나아갈 수 있을까요? 죄인들이 이전의 생활 방식을 끊지 못할 때, 과연 하나님께서는 그런 죄인들을 받아주실까요? 하나님께서는 "아무래도 나는 진정으로 죄책감을 느끼지 못하는 것 같아요!"라고 말하는 죄인들을 용서하실까요?

그렇습니다! 그런 사람에게는 이제 한 가지만 필요합니다. 그는 다른 사람의 말이나 생각에 더 이상 신경을 쓰지 않습니다. 대신 다른 무엇보다 "하나님께서 나를 어떻게 대하실까?" 하는 마음으로 질문합니다. 또한 그는 그리스도께 나아갈 수 있도록 하는 조건들을 나열하는 것에 대해 더 이상 생각하지 않습니다. 대신 구원받을 수만 있다면 무엇이든지 기꺼이 하며, 하나님께서 요구하시는 모든 것에 자발적으로 순응합니다. 자기만족적이고 아집으로 가득하며 경솔한 영혼이 자기 자신에게 십자가에 못 박힌 손과 대속의 피가 필요하다는 사실을 느끼기 시작할 때 일어나는 일이 바로 그런 것입니다.

그러면 그런 영혼은 어떻게 구원을 받게 되는 것일까요? 그는 구원받는 것이 가장 어렵다고 생각합니다. 그는 회개하려고 애쓰고, 자신의 죄가 정말 잘못된 것이라 생각하려고 애쓰고, 믿으려고 애씁니다. 하지만 회개하는 것이나 믿는 것이나 모두 불가능한 것처럼 느껴집니다.

그런데 이 모든 과정의 한가운데서 그는 이미 구원을 받았습니다. 그가 절망과 고통 가운데서 주님께 돌아서서 자신에 관한 모든 진실, 즉 자신의 죄를 솔직히 아뢰는 순간, 예수님께서 십자가에 못 박힌 손을 그 사람 위에 뻗어주시기 때문입니다. 또한 바로 그때 대속의 보혈이 그 사람의 모든 죄를 덮기 때문입니다. 비록 그 사람이 아직 의식하지 못하여 기쁨을 맛보지 못했다 하더라도 그는 그렇게 구원을 받습니다.

이것이 바로 '우리의 대제사장이 죄인들 위에 그 손을 뻗어주신다'는 말이 뜻하는 풍성한 의미입니다.

아무도 막을 수 없는 대속의 복

사랑하는 자여! 영적으로 번민하는 자여! 양심이 자신을 불편하게 할 때마다 자신에 관한 모든 진실을 예수께 털어놓으시기 바랍니다. 우리는 이미 예수님이 십자가에 못 박힌 손을 들어 올려 복을 주시고자 하시는 하나님의 백성입니다. 물론 처음에는 예수님 앞에 나아가 우리의 모든 죄를 털어놓기가 쉽지 않을 것입니다.

우리가 모든 죄를 예수께 털어놓을 때, 밝은 광선이 이따금 우리 영혼을 비춥니다. 그러면 이미 저물어버린 우리 영혼에 옅은 소망의 빛이 들어옵니다. 하나님 말씀도 때때로 우리를 돕습니다. 또 찬양 한 곡조가 갑자기 우리 영혼에서 모든 고통을 내몰기도 합니다.

그러나 일반적으로 이런 것들이 그리 오래 지속되지는 않습니다. 그래서 우리는 모든 것이 가망 없고 그저 두렵기만 한 혼동의 상태로 돌아가는 것처럼 느낍니다. 의심과 두려움이 우리를 공격합니다. 심지어 우리는 하나님과 하나님 말씀을 의심합니다. 그리고 무엇보다 우리 자신과 우리의 체험 자체를 의심합니다. 우리는 이미 체험한 복된 순간들과 하나님으로부터 왔다고 생각한 모든 것들이 실상은 우리의 상상의 산물은 아니었는지 의문을 품습니다.

이 모든 것들이 구원의 일부입니다. 하지만 우리는 아직 그 사실을 깨닫지 못합니다. 그래서 주님이 그런 식으로 우리를 다루시는 이유가 무엇인지 질문하고 또 질문합니다. 나 역시 그 이유를 명쾌하게 설명할 수 없습니다. 내가 할 수 있는 전부는, 그것이 바로 하나님께서 우리 모두를 구원하실 때 우리를 다루시는 방법이라고 말해주는 것뿐입니다.

하지만 분명한 것은 우리의 모든 의심과 두려움, 탄식과 흐느낌, 불안과 고민도 십자가에 못 박힌 그분 손에서 나오는 대속(代贖)의 복이 우리 위에 뚝뚝 떨어지지 못하도록 막을 수 없다는 사실입니다. 우리가 아직 깨닫지 못하더라도 우리는 이미 하늘의 축복 한가운데 있기 때문입니다.

이런 사정 역시 하나님의 모든 자녀에게 공통된 것입니다. 우리는 평생, 심지어 마지막 숨을 쉬는 순간까지도 이해하지 못하는 복, 복인지도 모르는 복을 수없이 받습니다. 우리가 깨닫지 못하고, 기도로 구하지도 않은 이런 복이 우리에게 임하는 유일한 이유는, 그것이 그리스도께서 십자가에서 죽으심으로 나타난 열매이기 때문입니다. 이 점에 대해 좀 더 명확하게 알아보도록 하겠습니다.

구원의 이유는 오직 그리스도

우리가 구원을 받은 것은 회개했기 때문도 아니며, 우리 죄를 뉘우쳤기 때문도 아니며, 우리의 믿음 때문도 아닙니다. 우리가 구원받은 것은 오로지 그리스도 덕분입니다. 왜냐하면 그리스도께서 십자가에 못 박힌 손을 내밀어 자신의 수난의 열매를 우리에게 나누어주셨기 때문입니다.

이는 우리가 그렇게 해달라고 애원해서가 아니라 그리스도께서 우리를 사랑하시기 때문입니다. 그리스도는 우리를 자신의 십자가 죽음의 열매에 동참하는 자로 만들기 원하십니다. 그리스도께서 우리에게 요구하시는 의무는 딱 하나입니다. 그것은 바로, '그리스도께 죄를 자백하는 것'입니다. 하나님 말씀에 "만일 우리가 우리 죄를 자백하면 그는 미쁘시고 의로우사 우리 죄를 사하시며 우리를 모든 불의에서 깨끗하게 하실 것이요"(요일 1:9)라고 기록되어 있기 때문입니다.

따라서 그리스도께 죄를 자백한 사람이여! 그리스도께 아무 죄도 감추지 않고 있음을 확신하는 사람이여! 편안히 앉아 조용히 감사의 찬양을 올리기 바랍니다. 이미 우리는 십자가에 못 박힌 그리스도의 손 아래 거하고 있고, 하나님께서 우리를 은혜로 대하고 계시며, 하나님의 얼굴이 우리를 비추고 있기 때문입니다.

이 축복의 시냇물은 십자가에 못 박힌 그리스도의 손에서 발원하여 죄인들에게, 즉 비록 자격이 없을지라도 부정직함이나 교활한 영(靈)으로 이 온전한 축복의 흐름을 차단하지 않는 모든 죄인들에게 조용하지만 확실하게 흘러갑니다. 따라서 밤이나 낮이나 이 축복의 시내 한가운데서 살고 있는 모든 자여! 하나님을 찬양하기 바랍니다.

그리스도는 우리에게 담대함을 주신다

우리가 그리스도께서 십자가에 못 박힌 손을 들어 복을 주시고자 하는 백성에게 속한 것이 얼마나 큰 기쁨인지, 그리스도인들이 향유하는 혜택이 얼마나 엄청난 것인지 주목해야 합니다. 그리스도인은 흠이 없는 사람도 아니거니와 죄가 없는 사람도 아닙니다. 그렇기에 여전히 실패하고 여전히 죄를 짓지만 그리스도께서는 보혈의 손을 거두지 아니하십니다. 이 사실이 그리스도인들에게 담대함을 줍니다.

그리스도인들은 자신들이 도무지 거룩하지 못하며 부정하다는 것을 잘 알고 또 느끼고 있지만, 이 사실을 힘입어 하나님 앞에 담대하게 나아갑니다. 그리스도인들은 십자가에 못 박힌 구세주의 손을 주시하며 감사를 드립니다. 그것은 그리스도의 손이 그들의 모든 부정함을 덮고, 하나님을 기쁘시게 해드리는 데 필요한 모든 것을 그리스도 안에서 얻기 때문입니다.

또한 십자가에 못 박힌 그리스도의 손은 그리스도인 자신의 양심과 관련해서도 담대함을 줍니다. 정직하고 민감한 영혼은 중대한 죄는 물론이거니와 매우 작은 죄에 의해서도 하루 종일 양심의 고발과 가책을 느낍니다. 그리스도인은 자신의 심령이 공허하고 건조하다는 것을 느끼며, 또 자신이 주님 안에서 도무지 기뻐하지 않는다는 것과 죄를 짓고서도 슬퍼하지 않는다는 것을 느낍니다. 그리스도인의 기도생활은 종종 혼수상태에 빠지며, 단순한 습관의 차원을 벗어나지 못하고, 그 영혼은 하나님 말씀에도 좀처럼 감동을 받지 못합니다.

오늘날 수많은 그리스도인이 이런 일로 얼마나 심한 고통과 괴로움을 겪고 있는지 모릅니다. 그러나 그들이 다시 눈을 들어 자신 위에 드리운 그리스도의 못 박힌 손을 바라보는 순간, 역병과도 같은 그 모든 괴로움과 고통이 말끔하게 해소됩니다. 또한 그때 그리스도인은 "경건하지 아니한 자를 의롭다 하시는 이를 믿는 자에게는 그의 믿음을 의로 여기시나니"(롬 4:5)와 같은 말씀의 의미를 새롭게 깨닫게 되며, 현재 모습 그대로 그리스도 안에서 사랑받고 있다는 사실과 인위적으로 노력하지 않아도 하나님께서 은혜를 베푸신다는 사실에 대해 이전보다 더 겸손한 자세로 감사하게 됩니다. 십자가에 못 박힌 예수님의 손이 이런 은혜를 값없는 하나님의 선물로 날마다 그리스도인들에게 줍니다.

하나님의 은혜가 우리에게 충만하다!

옛 언약의 백성에게는 "여호와는 그의 얼굴을 네게 비추사 은혜 베푸시기를 원하며"(민 6:25)와 같은 축복이 선포되었습니다. 그러나 새 언약의 백성에게는 이 축복이 한층 더 충만하게 선포됩니다. 왜냐하면 하나님의 은혜가 온전하고도 충만하게 우리 가운데 나타났기 때문입니다. 이 축복의 말씀이 우리 심령에 울려 퍼질 때, 우리는 일과 삶의 고투를 향해 용맹스럽게 나아갈 수 있습니다.

우리가 자신의 부족함과 실수로 인하여 상심하며 슬퍼할 때, 예수님은 우리에게 가까이 다가와 온유하게 말씀하십니다.

"낙심한 친구여! 왜 그렇게 풀이 죽어 있니? 내가 너의 하나님이라는 사실을 잊었니? 내가 너의 친구라는 것을, 너의 구속자라는 것을 기억하지 못하니? 내 은혜가 너에게 충만하단다!"

그렇습니다. 하나님의 은혜가 우리에게 충만합니다. 우리가 죽는 날까지 그 은혜가 날마다 우리에게 충만합니다.

여호와는 그의 얼굴을 네게 비추사 은혜 베푸시기를 원하며 민 6:25

하나님께서는 우리가 이 축복의 말씀을 특별히 깨닫기 바라십니다. 우리에게 이런 축복이 필요할 뿐 아니라 이것이야말로 우리가 가장 깨닫기 힘든 축복의 일부이기 때문입니다.

하나님께서는 이 땅에 있는 하나님의 백성들을 보실 때, 다른 이들에게 멸시당하고 스스로를 부끄러워하는 하나님의 백성들을 보실 때, 그 거룩하신 얼굴을 그들의 생각에 기쁨의 빛으로 발하십니다. 하나님께서는 땅에 있는 연약한 자녀들 하나하나를 보실 때마다 기뻐하십니다. 그리고 바로 우리를 보실 때에 기뻐하십니다. 하나님께서는 불꽃같은 눈으로 땅을 두루 비추시며, 우리를 볼 때마다 행복을 맛보시며, 그 얼굴에서 기쁨의 빛을 발하십니다. 그리고 우리가 이 사실을 특별히 깨닫기 바라십니다.

어떤 이는 "아니요, 그럴 리 없어요!"라고 말할 수도 있습니다. "하나님은 저를 보실 때 기뻐하지 않으실 거예요. 제 일상이 오히려 하나님께 끝없는 걱정을 안겨드리고 있기 때문이에요. 저는 매일 하나님을 거스르고 근심하시게 하는 걸요!"라는 말의 의미를 나도 잘 알고 있습니다. 그리스도인들 가운데 다음과 같이 생각하는 이들이 많기 때문입니다.

'하나님께서 내게 넌더리를 내시는 대신 계속 참고 기다려주신다는 것을 확신할 수만 있다면, 지금보다 더 감사할 수 있을 텐데…. 그렇지만 하나님께서 나를 보시며 기뻐하신다는 것은 생각조차 할 수 없는 일이야!'

이런 생각이 틀린 것은 아닙니다. 하나님께서 우리를 보실 때에 기뻐하신다고 직접 말씀하지 않으셨다면, 우리는 그런 생각을 할 수 없을 것이고 기대할 수도 없을 것입니다.

하나님께서 우리를 바라보실 때 그분의 얼굴이 기쁨으로 빛난다는 사실이 우리에게 터무니없게 느껴지는 이유는, 우리가 하나님의 사랑을 받을 만한 자격을 갖춰야 하나님께서 우리를 사랑하실 것이라는 생각이 우리의 머릿속에 고집스럽게 자리 잡고 있기 때문입니다.

하지만 그렇지 않습니다. 하나님께서 우리를 사랑하시는 것은 우리 때문이 아니라, 순전히 그리스도 때문입니다. 하나님께서는 암탉의 날개 아래로 피하는 병아리처럼, 자신을 부족하고 형편없는 존재로 여겨 그리스도에게서 피난처를 찾는 것 외에는 아무것도 하지 못하는 죄인들을 보실 때에 매우 기뻐하십니다.

잘 들어보시기 바랍니다. 우리가 무력하다고 느끼면 느낄수록, 그래서 예수님이 우리를 위해 하신 것들을 꼭 붙잡으면 붙잡을수록, 우리는 하늘에 계신 아버지의 눈에 더욱 사랑스러운 존재가 되고, 우리를 볼 때마다 그분의 얼굴이 더욱 빛나게 됩니다.

우리가 하나님을 기쁘시게 하는 사람인 것은, 우리가 무엇을 했기 때문이 아니라 그리스도께서 무엇을 하셨기 때문입니다. 우리의 죄와 부정함이 너무 심각해 그리스도의 십자가 아래 숨어야 한다는 사실을 우리 스스로 잘 알고 있는 한, 하나님의 아들에게 임했던 것과 동일한 은혜가 우리 위에 거할 것입니다.

너는 내 사랑하는 아들이라 내가 너를 기뻐하노라 막 1:11

자녀를 키우는 부모들은 하나님의 이런 사랑을 잘 이해할 수 있을 것이며, 자녀가 없는 사람들이라도 하나님의 이런 오묘한 사랑을 깨닫는 데 도움을 주는 경험을 할 수 있습니다.

예를 들어, 우리가 친한 친구의 집을 방문했다고 가정해봅시다. 우리는 친구의 집 거실에 앉아 친구와 편안하게 담소를 나누고 있습니다. 그런데 그 친구의 어린 자녀가 거실 바닥에서 뒹굴며 놀기도 하고, 또 제 부모에게 칭얼거리기도 합니다. 그러면 우리는 십중팔구 그 아이가 대화를 방해하고 있다고 느낄 것입니다.

그러나 그 아이의 부모는 그런 식으로 느끼지 않습니다. 그들은 어린 자녀를 향해 가슴 깊이 우러나는 기쁨의 시선을 종종 던집니다. 우리는 그런 모습을 대화 도중에 종종 목격합니다. 심지어 그들은 이따금 어린 자녀에게서 시선을 돌려 서로의 얼굴을 바라보며 아름다운 미소를 짓기도 합니다. 자신의 어린 자녀를 바라볼 때, 부모의 얼굴에서 기쁨의 빛이 반짝이는 이유는 무엇일까요? 그것은 단 하나, 그 아이가 바로 그들의 자녀이기 때문입니다. 그것이 바로 기쁨의 비밀입니다. 자녀를 그저 바라보는 것, 그것이 그들을 행복하게 하는 충분조건이 됩니다.

　사랑하는 하나님의 자녀들이여! 하나님께서는 아버지라고 불리는 모든 이들의 아버지이시고, 어머니라고 불리는 모든 이들의 아버지이시며, 하늘과 땅에서 자녀라고 불리는 모든 이들의 아버지이십니다. 하나님 아버지께서는 땅에 있는 어떤 어머니나 아버지보다 그 자녀들을 더욱 불쌍히 여기십니다. 우리는 그런 아버지의 자녀인 것입니다. 하나님께서는 우리를 창조하셨으며 구속(救贖)하셨습니다. 또한 거룩한 세례를 통해 우리를 받아주셨습니다. 그리고 만일 우리가 하나님 곁을 떠나면 다시 부르시고 회개로 이끄십니다.

　유년기의 자녀들이 대부분의 시간 동안 주로 전념하는 일이 바로 엄마 아빠의 사랑을 받는 것이라는 사실을 알고 있습니까? 마찬가지로 우리가 이 땅에서 짧은 순례의 삶을 사는 동안 주로 열중해야 할 일은, 바로 하나님의 사랑을 기쁘게 받는 것이요, 한량없이 부어주시는 하나님의 사랑을 받아들이는 것이요, 하나님의 어린 자녀로서 진리 안에서 그 품에 안기는 것입니다. 이는 하나님께서 우리에게 가장 바라시는 것이며, 우리에게 가장 중요한 것입니다. 그 이유는 다음과 같습니다.

첫째, 하나님의 사랑을 체험하는 것보다 우리를 더 행복하게 하는 것은 없기 때문입니다. 하나님의 사랑은 모든 지식과 묘사를 초월하는 잔잔하고 평화로운 기쁨으로 우리 영혼을 가득 채웁니다.

둘째, 그것이 우리를 강하게 만들기 때문입니다.

여호와로 인하여 기뻐하는 것이 너희의 힘이니라 느 8:10

자신이 그리스도의 십자가 공로로 하나님의 사랑을 받고 있다는 것을 잘 알고 있는 심령은, 어떤 유혹의 공격도 수포로 만들어버립니다. 하나님의 사랑의 빛으로 죄를 비출 때보다 죄가 더 혐오스럽게 느껴지는 때는 없기 때문입니다. 따라서 하나님의 사랑을 받아들이는 것보다 더 귀한 '성화'(聖化)의 원천은 없다고 할 것입니다.

'축복'이라는 하나님의 추가분

하나님께서는 우리를 창조하실 때 우리에게 영혼뿐 아니라 육신도 주셨습니다. 하나님께서는 우리가 영혼과 육신을 모두 가지고 있다는 사실을 잊지 않으십니다. 따라서 하나님께서는 우리의 영혼에 복을 주실 뿐 아니라 우리의 한시적인 삶 위에도 그 복된 손을 뻗으십니다.

하지만 하나님께서 우리의 한시적인 육신의 삶에 어떻게 복을 주시는지를 깨닫기는 그리 쉽지 않습니다. 그 때문에 세상에서의 삶이 종종 고단하고 힘들게 느껴집니다. 하나님의 계획에 따르면, 우리는 하나님과 동행하며 이 땅에서의 과업을 완수해야 합니다. 하나님께서는 우리가 행하는 모든 일에 실제적인 방식으로(비록 우리 눈에는 보이지 않을지라도) 참여하기 바라시며, 그 모든 것에 스스로 '축복'이라 일컬으시는 하나님의 '추가분'을 더해주기 원하십니다. 따라서 하나님께서는 우리가 행하는 모든 것을 하나님의 손 아래로 가져오기를, 그래서 하나님께서 그 모든 것 위에 복을 주실 수 있기를 기다리십니다.

자녀와 그들의 장래 문제로 고심하는 모든 부모들이여! 자녀들을 축복의 손에 맡기시기 바랍니다. 부모로서 자녀를 키우는 것이 얼마나 어려운 일인지 잘 알고 있습니다. 우리는 그것이야말로 이 땅에서 수행해야 할 책임 가운데 가장 중대한 책임이라고 느낄지도 모릅니다. 그러나 우리는 하나님께서 우리와 함께 그 일에 참여하기를 바라시며, 또 우리가 자녀들의 영적 유익과 육적 유익을 위해 행하는 모든 일에 친히 복을 더해주기 바라신다는 것을 잊어서는 안 됩니다.

또한 하나님께서는 우리가 가정을 세우는 일에도 똑같이 참여하기를 바라십니다. 우리는 믿음의 가정을 세우는 것이 얼마나 어려운 일인지 잘 알고 있으며, 이 때문에 종종 무력감을 느낍니다. 그러나 하나님께서 우리와 함께 그 일에 참여하기를 바라시며, 자신의 '추가분'을 더해주기 바라신다는 것을 기억해야 합니다.

하나님께서는 우리의 가정에 날마다 복 주기를 바라십니다. 그러니 이런 축복의 손을 의지하고 기도하며 가정의 모든 일을 풀어나가기 바랍니다. 그러면 하나님이 주시는 복이 무엇인지 생생하게 체험할 것이요, 우리의 가정을 하나님께서 의도하신 대로 아름답고 선하고 평화로운 곳으로 만들게 될 것입니다.

뿐만 아니라 하나님께서는 우리가 육체노동을 하든지 정신노동을 하든지, 부엌에서 일을 하든지 사무실에서 일을 하든지, 교실에서 공부를 하든지 공장에서 땀을 흘리든지 우리의 일에 복을 주기 바라십니다. 모든 일을 하나님 손에 맡기시기 바랍니다. 그러면 하나님께서 우리를 어떤 방법으로 도우시는지 체험할 것이고, 이전에는 불가능하다고 생각했던 일들을 능히 수행하는 자신의 모습을 발견할 수 있을 것입니다.

우리의 모든 일에, 별로 중요하게 보이지 않는 일에도 하나님의 복이 임하게 해달라고 기도하는 법을 배운다면, 우리는 참으로 행복한 사람이 될 것입니다.

하나님께서 주시는 복의 무게

하나님께서는 우리에게 물질의 복도 주기 바라십니다. 오늘날 많은 그리스도인이 물질의 문제로 고통 받고 있음을 잘 알고 있습니다. 그러나 이 문제 또한 하나님의 축복의 손에 맡기시기 바랍니다. 필요한 도움이 즉각 오지 않는 것 같아도, 그것이 하늘의 아버지께 마땅히 요구할 만한 것이었다 해도, 지쳐 낙심하지 마시기 바랍니다.

몇 해 전, 독일에서 공부할 때였습니다. 몇 개월 동안 열심히 공부한 후 잠시 여름 휴가를 즐기기로 하고 스위스로 여행을 떠났습니다. 그곳에서 사무엘 젤러(Samuel Zeller)라는 노년의 그리스도인을 만날 생각이었습니다. 그에 대해서 사람들에게 들은 것이 많았고, 책에서 읽은 것도 많았던 터였습니다. 나는 그곳에서 그를 만나 대화를 나누던 중 평생 잊지 못할 이야기를 들었습니다.

100년 전 즈음, 나폴레옹전쟁이 끝났을 무렵이었다고 합니다. 당시 유럽 여러 나라의 국민들은 전쟁의 여파로 인해 극심한 가난에 시달리고 있었습니다. 그들 가운데 스위스의 과부 한 사람이 있었습니다. 그녀는 많은 자녀를 키우고 있었는데, 마침내 집에 식량이 다 떨어지는 지경에 이르고 말았습니다. 하는 수 없이 그녀는 거리로 나가 이웃에게 도움을 청해야 했습니다.

어느 날 그녀는 푸줏간 주인을 찾아갔습니다. 그는 인정이 없는 사람이었던지라 그녀는 그의 굳은 마음을 누그러트리기 위해 자세를 낮추고 조용히 말했습니다.

"죄송하지만 고기 한 점만 얻을 수 있을까요? 아시다시피 집에 아이들은 많은데, 먹을 것이 다 떨어졌어요. 저희 가정을 도와주시면 하나님께서 복을 주실 겁니다."

그러자 푸줏간 주인은 고약한 미소를 지으며 말했습니다.

"좋아요. 당신이 말하는 하나님이 주시는 복의 무게를 달아 그만큼의 고기를 주지요."

그리고는 일부러 가장 작은 고기 조각을 찾아 저울에 올려놨습니다. 그러나 어찌 된 일인지 저울의 바늘은 조금도 움직이지 않았습니다. 푸줏간 주인은 저울의 어느 곳이 잘못된 것인지 이리저리 살펴보았습니다. 하지만 저울은 정상적으로 작동하고 있었습니다. 그는 분명 하나님께서 주시는 복의 무게를 달아 그만큼의 고기를 주겠다고 그녀에게 약속했으므로 바늘이 내려가도록 또 다른 고기 조각을 올려놨습니다. 하지만 이번에도 바늘은 움직이지 않았습니다. 저울 바늘은 완벽하게 고정된 상태로 꼼짝도 하지 않았습니다. 푸줏간 주인은 계속해서 고기를 저울에 올려놓았고 마침내 상점에 있는 모든 고기를 저울에 올려놓지 않을 수 없었습니다. 그러나 저울 바늘은 여전히 꼼짝도 하지 않았습니다.

하나님께서는 이처럼 하나님이 주시는 복의 무게가 얼마나 무거운지 종종 우리에게 보여주기를 원하십니다. 하나님께서 그렇게 하시는 것은, 하나님의 원수들이 이를 똑바로 목격하도록 하기 위함뿐 아니라 하나님의 자녀들이 올바로 깨닫도록 하기 위함입니다. 따라서 우리가 믿음의 눈을 크게 뜨고 하나님께서 주시는 복의 무게가 얼마나 무거운지 올바로 바라보면, 우리 삶은 정말로 달라질 것입니다.

하나님께서 우리에게 필요한 모든 것을 조용하지만 확실하게 공급하신다는 것을 깨닫고 의지하기만 하면, 우리는 정말 빛나고 행복한 삶을 영위하게 될 것입니다.

자신의 수고에 대해 주시는 복을 확신하라

일상의 일을 시작하기 전에 '이 일은 하나님께서 내게 주신 것이야. 따라서 하나님과 함께 이 일을 할 거야. 그러면 하나님께서 내게 유익이 되는 한, 내 손의 수고에 복을 주실 거야!'라고 확신하면, 일하는 동안 말로 다할 수 없는 마음의 평화를 얻을 수 있습니다.

이런 확신은 그리스도인의 삶에서 종종 하나님과의 친밀한 사귐을 파괴하고 하나님의 뜻을 위태롭게 하기 쉬운 많은 것을 제거할 것입니다. 그리고 그것은 하나님의 복이 자신들에게 족하다는 것과 그 복이 자신들의 것임을 믿지 못하는 수많은 그리스도인의 삶에서 가득한 꼴불견의 속임수와 흉측한 부정(不正)과 비양심적인 소행들을 완전히 끝장낼 것입니다.

하나님께서 주시는 복이 무엇을 의미하는지 깨달은 그리스도인들은 그 깨달음과 더불어 한 가지 크고도 신령한 두려움, 곧 자신이 잘못 행동하여 하나님의 복이 떠나면 어쩌나 하는 두려움을 가지게 됩니다. 그들은 하나님의 복이 함께 하는 것을 막는 행위를 저지르지 않도록 주의하는 방법과 그런 위험성이 도사리고 있는 모든 지점에서 신중을 기하는 법을 배웁니다. 그들은 이익이 되는 것처럼 보이지만 결국에는 자신을 하나님의 복으로부터 분리시킬 것이 명백한 것들을 취하느니, 차라리 물질적인 손실을 감수합니다. 그런 그리스도인들과 거래하는 것은 좋은 일입니다.

우리 시대에 이런 그리스도인들이 더 많아지기를 기도합니다. 또한 우리가 하나님께서 주시는 복의 약속을 굳게 믿는다는 것과 그래서 담대하게 하나님 말씀을 따라 행동한다는 것을 세상 모든 사람이 우리 안에서 목격하고, 또 우리와 하는 모든 거래에서 생생하게 체험할 수 있기를 진심으로 바랍니다.

하나님께서 주시는 복의 의미를 깨닫기 시작할 때, 물질을 베푸는 것과 관계된 어려운 문제 역시 해결될 것입니다. 먼저 그것은 우리가 가난한 사람들과 하나님나라의 사업을 위해 바쳐야 할 물질의 액수에 대해 솔직하게 하나님께 아뢰도록 용기를 줄 것입니다. 그런 다음 우리는 자신의 돈을 누군가에게 주어야 한다는 인간 본연의 두려움을 제거하게 될 것이고, 대신 새롭고도 신령한 두려움, 즉 하나님께서 베풀라고 주신 돈을 꼭 끌어안고 있으면 어쩌나 하는 두려움을 가지게 될 것입니다. 돈을 움켜쥐고 있는 그리스도인은 스스로를 하나님의 복에서 끊어버리는 중대한 잘못을 저지르는 것입니다.

지켜주시는 은혜

어쩌면 어떤 사람들은 혼잣말로 이렇게 중얼거릴지도 모릅니다.

"나도 가난한 인간의 수고 위에 임하시는 하나님의 조용하고 보이지 않는 복에 대한 성경 말씀을 읽었어. 뿐만 아니라 다른 많은 그리스도인들의 삶에서 그런 것들을 목격하기도 했지. 하지만 나 자신은 단 한 번도 그것을 체험하지 못했어. 나도 그들과 마찬가지로 하나님과 동행하며 살았고 기도도 했지만, 그런 복이 나를 따라온 적은 한 번도 없었어!"

그들은 다른 누군가가 그런 축복을 받았다는 이야기를 들을 때, 자신의 인생의 그늘이 더욱더 짙어지는 것을 느낄지도 모릅니다. 참으로 이상한 일이 있습니다. 나는 일평생 경제적인 문제로 분투하는 많은 그리스도인을 만나보았습니다. 그들은 무슨 일에 손을 대든지 언제나 실패합니다. 그들은 다른 사람들이 어떤 방면에서 성공을 거두었다는 소식을 듣고 즉각 그 일에 착수하지만 성공하지 못합니다. 다시 다른 일을 시작하지만 역시 실패만 거듭할 뿐입니다. 그렇게 그들은 경제적인 어려움에서 벗어나기 위해 일평생 발버둥을 칩니다.

지금 이 책을 읽는 이들 가운데도 그런 이들이 있으리라 생각됩니다. 만일 당신이 그런 경우라면, 하나님께서 주시는 복에 대해 성경이 무엇이라고 말하는지 주의 깊게 살펴보라고 권하고 싶습니다.

여호와는 네게 복을 주시고 너를 지키시기를 원하며 민 6:24

'지킴을 받는 것' 또한 축복의 일부입니다. 이 말씀을 믿으시기 바랍니다. 세상에는 하나님께서 주시는 복의 이 특별한 부분을 누리고 있다는 사실 하나만으로 감격의 눈물을 흘리는 수많은 그리스도인들이 있습니다. 하나님나라의 상속권을 팔아넘기지 않고 하나님의 신실한 종으로 남아 있을 수 있는 것이 순전히 하나님께서 주시는 복 때문이라는 사실을 깨닫고, 하나님을 찬양하는 그리스도인들이 참으로 많이 있습니다.

조용히 앉아 하나님께서 지금까지 우리를 어떻게 지켜주셨는지 곰곰이 생각해보시기 바랍니다. 우리는 지금까지 숱한 눈물을 흘렸고 많은 어려움을 겪었지만, 여전히 하나님께 찰싹 달라붙어 있습니다. 그것이 우리의 공로입니까? 아니면 하나님께서 주신 복의 결과입니까?

우리의 경제적 계획을 언제나 현실로 이루어주시는 것이 반드시 축복은 아닙니다. 오히려 하나님께서는 우리의 경제적 계획이 현실화되는 것을 절대 허락하지 않으심으로써 우리를 물질과 탐욕의 구덩이에서 건져주기도 하시고, 세상의 아름다운 것들과 매력적인 것들을 절대 허락하지 않으심으로써 우리를 허영의 올무에서 구해주기도 하십니다. 이러한 복을 받은 그리스도인들이 많이 있습니다.

또한 하나님께서는 우리가 갈구하는 영향력을 절대 허락하지 않으심으로써 권력의 탐욕과 정치의 올무에서 지켜주기도 하십니다. 그런 복을 받은 그리스도인들 역시 많이 있습니다. 하나님께서는 그들의 욕구를 언제나 진압하십니다. 그러나 그렇게 하심으로써 그들이 하나님으로부터 멀어지지 않도록 막아주십니다.

지금까지 겪었던 쓰라린 경험들과 힘겹게 지나야 했던 시련들에 대해 곰곰이 생각해보시기 바랍니다. 그러면 그 모든 것이 하나님께서 주신 복이었다는 사실을 알 수 있고, 탄식과 눈물 속에서 보내야 했던 때에도 하나님께서 '지켜주시는 은혜'의 형태로 복을 베푸시어 우리를 선대하셨다는 것을 성령의 조명 아래서 깨달을 수 있을 것입니다.

고난과 환난에 대한 재조명

그러나 지난날을 돌이켜볼 때 또 다른 생각이 우리의 마음에 떠오릅니다.

'하나님께서 그렇게 모진 시련으로 나를 다루신 것은 내가 다른 그리스도인보다 훨씬 부족하다는 사실을 입증하는 것이야. 그들은 나처럼 혹독한 시련을 겪지 않고도 잘 살아가잖아. 내가 지금까지 고단한 삶을 살았다는 것은, 내가 하나님의 다른 자녀보다 양육하기 어려운 못된 자녀라는 것을 증명하는 거야!'

사랑하는 친구여! 나는 당신에 대해 전혀 모릅니다. 따라서 그런 당신에 대해 무엇이라 말할 수 없습니다. 하지만 이 문제에 대해 하나님 말씀이 무엇이라 하는지는 잘 알고 있으므로 명확하게 짚어주고 싶습니다. 히브리서 기자는 다음과 같이 말합니다.

주께서 그 사랑하시는 자를 징계하시고 그가 받아들이시는 아들마다 채찍질하심이라 하였으니 히 12:6

채찍질은 매우 고통스러운 징벌 방식입니다. 그러나 이것은 하나님께서 자신의 자녀로 받아들이시는 이들에게 어떤 일을 행하시는지에 대해 우리에게 말씀하고자 하실 때 사용하시는 설명입니다. 하나님께서는 과장된 언어를 사용하지 않으신다는 점을 기억하시기 바랍니다. 하나님께서는 우리처럼 아무 의미도 없이 극단적인 말을 하는 분이 아니십니다. 그분은 자녀로 받아주시는 모든 이들에게 채찍질을 하십니다. 이는 구약성경에서 성막의 기물과 관련해 상징적으로 표현된 것을 실행하시는 것입니다.

> 불에 견딜 만한 모든 물건은 불을 지나게 하라 ⋯ 불에 견디지 못할 모든 것은 물을 지나게 할 것이니라 민 31:23

이 말씀은 영적(靈的) 의미를 담고 있으며, 그것은 새 언약 속에서 하나님의 자녀 양육과 관련하여 온전히 이루어집니다. 하나님께서는 고난의 불에 견딜 만한 자녀들로 하여금 불을 지나게 하십니다. 그러나 고난의 불에 견디지 못하는 자녀들은 은혜롭게도 그저 따뜻한 물을 지나게 하심으로써 정결하게 하십니다. 이런 관점으로 보면, 고난과 환난이 전혀 새로운 의미로 부각되리라 생각됩니다.

우리는 인생의 양지(陽地)에서 사는 사람들이 가장 행복한 사람들이라고 생각해왔습니다. 그러나 하나님께서는 그렇게 생각하지 않으신다고 하나님 말씀을 통해 우리에게 알려주십니다. 하나님께서는 고난을 모면하는 사람들을 특별한 행운아로 여기지 않으십니다. 장차 모든 것을 참된 빛 아래서 보게 될 날이 오면, 고난이야말로 우리에게 허락된 특권 가운데 가장 고귀한 특권이라는 것을 깨달을 것입니다. 이런 시각은 우리가 하나님에 대하여 믿는 것과 잘 조화를 이룹니다. 우리가 고난당하신 하나님을 믿기 때문이며, 고난당하신 하나님이 또한 송축을 받으시는 하나님임을 믿기 때문입니다.

따라서 사랑하는 형제자매들이여! 고난의 학교에 입학 허가를 받은 이들이여! 정결하게 하시는 하나님의 불에 던져진 이들이여! 이를 통해 영적으로나 육적으로 아파하는 이들이여! 결코 낙심하지 마시기 바랍니다. 무엇보다 하나님께 투덜거리지 마시기 바랍니다.

고난이 견딜 수 없도록 극심할 때, 불평하고 싶은 유혹을 받는다는 사실을 나도 잘 알고 있습니다. 그러나 그때에도 하나님께 불평하지 마시기 바랍니다. 오히려 하나님 앞에서 잠잠할 수 있도록 은혜를 베풀어달라고 기도하시기 바랍니다. 고난의 한가운데 있다는 것은 우리 삶에서 무엇인가 귀한 일이 일어나고 있다는 것을 뜻하기 때문입니다.

하나님께서는 우리의 내적 삶 속에 역사하시면서 우리의 성화(聖化)에 영향을 끼치십니다. 하나님께서는 자신의 형상, 곧 고난을 당하시는 하나님의 평온하고도 초라한 형상, 고난에 의하지 않고서는 인간에게 새겨질 수 없는 형상을 우리에게 새기기 위해 우리 삶의 불순물들을 제거하십니다.

예수님도 고난을 받으심으로써 순종을 배우셨습니다(히 5:8). 그런데 우리가 그것보다 더 쉬운 방법으로 순종을 배우기 기대할 수 있겠습니까? 고난이 너무 심하고 무거워 견딜 수 없을 것 같다는 생각이 들 때마다 눈물 그렁그렁한 시선을 돌려 예수님을 바라보시기 바랍니다. 고난당하시는 예수님의 모습을 기억하시기 바랍니다. 고난당하시는 그리스도를 주목하게 해달라고 성령께 기도하시기 바랍니다. 고난당할 때에, 고난을 잘 견디게 해달라고 기도할 뿐 아니라 고난 속에서 하나님을 보게 해달라고 기도하시기 바랍니다.

우리의 유일한 불행은 하나님께로부터 멀어지는 것

대부분의 사람들은 하나님께서 주시는 복을 피해 도망칩니다. 그러나 하나님께서 주시고자 하는 복은 그들을 따라갑니다. 그리스도께서 그들을 위해서도 십자가에서 죽으셨기 때문입니다. 그리스도께서는 그들에게 복을 주시기 위해 그들에게로 다가가십니다.

그러나 그들은 이런 축복으로부터 더 멀리 도망칩니다. 하나님께서 주시는 복으로부터 달아나는 친구들이여! 이를 피해 도망치고 있다는 사실은 우리 삶의 엄청난 불행이 아닐 수 없습니다. 물론 우리 삶에는 견디기 어려운 불행이 많을 것입니다. 그러나 우리의 진짜 유일한 불행은, 바로 하나님께서 주시는 복으로부터 달아나고 있다는 사실입니다.

우리가 지금 하나님께서 가지 말라고 경고하신 길로 내딛고 있다는 사실을 기억하시기 바랍니다. 하나님께서는 지금도 우리 앞에 서서 "그 길이 아니야! 그 길로 가면 안 돼!"라고 말씀하십니다. 그러나 우리는 하나님을 밀쳐내고 계속 그 길을 걷습니다. 하나님께서 우리를 부르시며 "그 길로 가면 너와 동행할 수 없어. 그 길을 계속 고집하면 네게 다다를 수가 없어!"라고 외치시는 이때, 우리는 위험천만하게도 하나님의 길이 아닌

길로 내딛고 있다는 사실을 기억하시기 바랍니다. 하나님께서 가르침과 도움과 힘을 주겠다고 제안하시는 이때, 우리 자신의 힘으로 우리 삶의 짐과 역경과 고통에 맞서 싸우려고 발버둥치는 이유가 대체 무엇입니까? 우리 중에는 다음과 같이 생각하는 이들이 틀림없이 있을 것입니다.

'하나님께서는 나에게 복을 주기 거부하셨어. 하나님께서는 분명 하늘 높은 곳에서 나 자신과 나의 죄와 나의 모든 실패를 준엄한 시선으로 내려다보고 계실 거야!'

그러나 그것은 착각입니다. 성경을 읽어보십시오. 그러면 하나님께서 사람을 어떻게 대하시는지 알 수 있을 것입니다.

하나님이 그 해를 악인과 선인에게 비추시며 비를 의로운 자와 불의한 자에게 내려주심이라 마 5:45

하나님께서는 자신이 주시고자 하는 것들을 받아들이라고 우리를 설득하는 분이시며, 또한 우리가 받고자 하는 모든 것을 주는 분이십니다. 우리는 모두 햇빛이나 비처럼 하나님께서 보내주시는 한시적인 복을 당연하게 받아들입니다. 그러나 하나님께서 영적인 복을 보내시면 많은 사람이 즉각 목청을 높여 "아니요! 사양하겠어요!"라고 소리칩니다. 그들은 오로지 하나님께서 한시적으로 주시는 복만을 갈망합니다. 그들은 영적인 복을 받아들이라고 아무리 하나님께서 설득하셔도 한시적인 복 외에는 아무것도 받으려 하지 않습니다. 그래도 하나님께서는 그 크신 사랑으로 이런 사람들에게 선물을 주십니다. 우리는 이 사실을 명심해야 합니다. 이것이 바로 사랑의 하나님의 모습이기 때문입니다.

하나님의 가장 큰 선물을 받아들여라

하나님은 우리에게 삶의 한시적인 복을 넘치도록 허락하는 분이시며, 또한 우리가 마음의 눈을 뜨고 하나님이 주시고자 하는 가장 큰 선물, 곧 '예수 그리스도'를 받아들이기 기다리는 분이십니다. 그분을 한 번도 본 적이 없다고 생각하십니까? 그렇지 않습니다. 그분을 분명히 본 적이 있을 것입니다. '영원의 고요함'이 안절부절못하는 우리의 영혼에 내려온 적이 있을 것이기 때문입니다.

그때 우리는 '천국의 광경'을 보고 '천국의 음악'을 들었을 것입니다. 십자가에 못 박히신 그분을 보았을 것입니다. 우리의 악함으로 인하여 심장을 관통당하신 분을 보았을 것입니다. 원수를 친구로 변화시키기 위해 스스로 원수들에게 고문당하기를 자청하여 죽으신 그분을 보았을 것입니다.

지금도 그리스도께서는 온유하고 자상한 모습으로 우리 옆에 서 계십니다. 그러니 이제 더 이상 그분에게서 달아나지 마시기 바랍니다. 그분께서 말씀하실 때 경청하시기 바랍니다. 지금 당장 그분의 거룩한 말씀을 읽기 시작하시기 바랍니다. 그리고 그분께 기도하기 시작하십시오. 우리의 죄에 대해, 우리의 양심이 고발하는 모든 것에 대해 날마다 그분께 자백하시기 바랍니다.

그것이 우리를 믿음으로 이끌 것이요, 보이지 않는 그리스도와 깊이 사귀는 데로 데려갈 것입니다. 성령께서 우리 죄를 깨우쳐 그리스도의 십자가로 이끌 것입니다. 그리고 거기에서 우리 심령은 그리스도께서 우리를 위해 이루신 구원을 기뻐하기 시작할 것입니다.

주 예수 간곡하게 권하는 말씀이
네 죄로 죽은 나를 너 박대할쏘냐
나 죄를 회개하고 곧 문을 엽니다
드서서 좌정하사 떠나지 마소서

새찬송가 535장, 〈주 예수 대문 밖에〉

CHAPTER 03

온유함으로

—

우리가 겸손할 때 하나님이 우리를 높이신다

온유한 자는 복이 있나니 그들이 땅을 기업으로 받을 것임이요 마 5:5
너희 관용을 모든 사람에게 알게 하라 주께서 가까우시니라 빌 4:5

우리는 비겁한 겁쟁이!

'온유하다'라는 말은 노르웨이어로 '태연한 용기', '평온한 용기', '유순하고 온순한 용기'를 뜻합니다. 온유함과 관용에 관한 이 두 성경 구절 또한 우리에게 용기에 대해 이야기합니다. 이 성경 구절들은 지금의 우리에게 딱 알맞은 말씀입니다. 왜냐하면 오늘날 우리는 참으로 비겁하기 때문입니다. 어떤 사람은 이런 점에서 비겁하고 어떤 사람은 저런 점에서 비겁하며, 어떤 사람은 매우 비겁하고 어떤 사람은 조금 덜 비겁하지만, 어찌됐든 우리는 모두 '비겁한 겁쟁이'입니다.

우리는 다른 이들이 우리에 대해 생각하는 것보다 훨씬 더 비겁합니다. 자신이 비겁하다라는 사실을 숨기려고 애쓰는 것이 바로 겁쟁이의 특징이기 때문입니다. 또한 우리는 우리 자신이 깨닫고 있는 것보다 훨씬 더 비겁합니다. 왜냐하면 진실해야 하는 순간이 찾아올 때조차 용기를 내지 못하기 때문입니다. 우리는 우리 자신의 용렬함을 대면하고 인정해야 할 때에 용기를 내지 못합니다.

우리가 무엇인가 잘못했을 때 어떻게 행동하는지 주목하시기 바랍니다. 어린아이들만이 자신이 저지른 잘못에 대해 변명하며 교묘히 발뺌하는 것이 아닙니다. 그렇게 하기는 우리 어른들도 마찬가지입니다. 오히려 어른들이 핑계를 조작하는 분야에 더 능숙하면 능숙했지 더 못하지는 않습니다. 핑계를 둘러대거나 발뺌하지 않고 자신의 잘못과 실수를 솔직하게 인정하는 사람들을 만나기가 얼마나 어려운지 모릅니다.

우리는 잘못했음을 자백해야 할 때에 용기를 내지 못합니다. 우리는 다른 사람들 앞에서뿐만 아니라 우리 자신 앞에서도 그 사실을 시인하기를 꺼리고 두려워합니다. 그렇게 시인했다가는 다른 이들의 존경과 우리 자신의 자존심을 잃게 될 것이라 걱정하기 때문입니다. 우리가 어떤 사람에게 잘못을 저지르고도 좀처럼 그 사람에게 용서를 구하지 못하는 것이 바로 그런 이유입니다. 그렇게 하는 데에는 엄청난 용기가 필요합니다.

용기 결여 현상

우리의 용기 결여 현상은 다른 사람과의 관계에서 여실히 드러납니다. 우리는 다른 이들에게 무엇인가를 주어야 할 때 용기를 내지 못합니다. 무엇인가를 받을 때에는 아무것도 걱정하지 않지만, 무엇인가를 주어야 할 때에는 많은 것을 걱정합니다. 무엇인가를 다른 사람에게 주어야 할 때, 우리 대부분이 신중하고 면밀하게 계산하는 것이 그런 이유입니다. 그때만큼 우리의 절약정신이 투철해지는 때는 없습니다.

우리는 다른 사람에게 물질을 주는 것을 꺼릴 뿐 아니라 다른 이들을 위해 마음을 쓰고 시간을 투자하고 친절을 베풀고 봉사하는 데에도 매우 인색합니다. 한마디로 우리에게는 희생정신이 결여되어 있습니다. 우리가 다른 사람들에게 무엇인가를 주어야 할 때, 우리는 재빨리 신중하게 비용을 계산합니다. 그리고 일단 셈을 마친 뒤에는 그 일에 수반되는 희생이 싫어서 잔뜩 움츠러듭니다.

또한 우리는 다른 사람들의 주목으로부터 멀어져 낮아져야 할 때에도 용기를 내지 못합니다. 우리 마음에는 사람들의 주목을 받기 원하는 욕구가 깊이 심겨 있습니다. 그래서 몇 가지 면에서 매우 우스꽝스럽고 어리석은 모습을 보이기도 합니다. 우리는 다른 사람들 눈에 보잘것없는 사람으로 비쳐지는 것을 피하기 위해서라면 어떤 대가라도 기꺼이 지불합니다. 심지어 다른 사람들이 우리에 대해 잘못된 인상을 품어 실제 이상으로 좋게 평가할 때는 무엇인가 대단한 것을 얻은 양 자부심에 잔뜩 부풀기도 합니다.

더욱이 우리는 고난에 직면했을 때 정말로 비겁해집니다. 우리는 고난의 길에서 벗어나기 위해 세심한 주의를 기울입니다. 하늘의 하나님께서는 질병과 슬픔과 역경과 불행으로부터 지켜달라고 간청하는 우리의 기도보다 더 뜨겁고 진실한 기도를 들어본 적이 없으실 것입니다.

또한 이웃들은 온갖 질병과 시련에 허덕이는데, 하나님께서 우리에게는 그 모든 것을 면제해주셨을 때보다 더 진실하게 하나님께 감사를 드린 적도 없을 것입니다. 질병이든 역경이든 좌절이든 부당함이든 어떤 고난에 직면했을 때, 우리의 용기는 그저 나약해집니다. 그중에서도 부당함을 겪을 때보다 더 어려운 시기는 없을 것입니다. 나는 육신의 극심한 고통과 역경의 풍파를 잘 견딘 사람들이 부당함을 겪기 시작하자 원한과 증오심의 노예가 되는 것을 종종 목격했습니다.

공정하지 못한 대접과 부당함을 견디는 데에는 엄청난 용기가 필요합니다. 일상의 작은 사건에서 이를 확인할 수 있습니다. 예를 들어, 친구와 토론할 때 누가 보아도 자신의 입장이 옳은데, 그럴 때 친구의 입장으로 결론을 맺기란 절대 쉽지 않습니다.

용기 충만 현상

그런데 우리의 비겁함을 살펴볼 때 한 가지 주목할 점이 있습니다. 그것은 바로, 우리가 앞서 말한 것들과 완전히 다른 엉뚱한 방면에서 용기에 대해 강렬한 욕구를 갖는 경우가 종종 있다는 사실입니다. 심지어 우리는 그런 방면에서 스스로 용기를 냅니다. 또한 용기에 대한 이 강렬한 욕구는 우리가 용기를 지닌 사람임을 과시하기 위해 쉽게 발동됩니다. 우리는 우리 자신에게나 혹은 다른 사람에게 우리가 독립적으로 생각할 수 있고 확신에 따라 행동할 수 있는 사람이라는 것을 명백하게 입증하기를 갈망합니다.

우리는 사람들에게 진리를 전하는 것이 우리의 특별한 임무라고 느낍니다. 그러나 사실은 우리가 '진리 안에 거하고 있음'을 보여주기 위해서라기보다는 '용기를 지니고 있음'을 입증하기 위해 진리를 전하는 경우가 많습니다. 그런 마음을 지닌 사람이 '사랑으로' 진리를 전하는 것은 불가능합니다. 그런 마음을 품고 있는 사람은 입으로는 진리를 말하면서도 오히려 가혹해지고, 차가워지고, 냉혹해집니다. 그리고 혹이라도 상대방이 반박하면 싸우기 좋아하는 거만한 마음 상태를 금세 드러내고 맙니다.

우리는 이런 태도가 기독교 신앙을 주제로 삼은 토론이나 대화를 심각하게 훼손할 수 있고, 종종 완전히 망칠 수 있다는 사실을 잘 알고 있습니다. 우리는 주제에 따라 이야기를 시작해 믿지 않는 사람들을 교화할 만한 방법으로 논의를 전개하지만, 결국 그들과의 토론이나 대화가 격렬한 언쟁이나 시끄러운 불화로 끝나는 경우가 많기 때문입니다.

기차 여행을 하다보면 일부 그리스도인들이 여행을 복음전도의 기회로 삼아 같은 칸에 있는 승객들에게 예수님을 전하는 것을 보게 됩니다. 그리고 사람들에게 예수님을 전하는 그들의 뜨겁고 진실한 목소리를 들을 때에 종종 기쁨을 느끼곤 합니다. 그러나 승객 가운데 누군가가 복음전도자 한 사람에게 반론을 제기하는 일이 곧잘 벌어지기도 합니다. 그러면 곧 토론이 시작됩니다. 토론은 조용하고 평온하게 시작되지만, 그것은 잠시일 뿐 대부분 격렬한 언쟁으로 끝나고 맙니다. '믿지 않는 사람과의 토론에서 패배하면 안 된다'는 복음전도자들의 두려움이 길을 잃고 방황하는 영혼들에 대한 사랑보다 더 크기 때문입니다.

기차 안의 복음전도자들은 분명 충분한 용기를 가지고 있었습니다. 그러나 그것은 절제되지 않은 난폭한 용기요, 사랑과 관용이 결여된 용기였습니다.

예수님의 온유한 용기

예수님은 '온유한 용기'를 가장 높은 곳에 두십니다. 온유한 용기는 모든 용기 가운데 가장 큰 용기입니다. 예수님은 그런 용기를 가지고 계셨고, 땅에서 사시는 동안 온전히 나타내셨습니다.

예수님은 다른 사람들의 주목을 받지 않은 채로 살아가는 용기를 가지고 계셨습니다. 예수님은 어린 시절부터 자신이 다른 사람들과 다르다는 사실을 느끼고 깨달았으며, 자신의 지극히 귀한 소명에 대한 암시를 받으셨습니다. 이는 열두 살에 성전에 방문한 예수님의 일화(눅 2:41-52)를 읽을 때 명백해집니다. 그렇다면 예수님 편에서 생각했을 때, 아버지에 의해 세상의 구세주로 정해졌다는 암시를 받고서도 서른 살이 될 때까지 세계에서 가장 작은 나라 중의 하나인 나라, 그 나라에서도 가장 작은 마을 중의 하나인 마을에서 목수로 남아 있는 데에는 엄청난 용기가 필요했을 것입니다.

예수님은 평온하고 온유한 용기를 가지고 계셨습니다. 그것은 아버지께서 뜻하신 그대로 30년의 세월 동안 사람들의 주목을 받지 않은 채 살아가는 용기였습니다. 나사렛에서 보낸 길고도 단조로운 30년의 세월 동안 예수님의 그런 용기가 수없이 시험대에 올랐다고 복음서가 직접 전하지는 않지만, 그랬을 것이라는 점은 충분히 짐작하고도 남을 일입니다.

예수님의 모친은 예수님을 낳기 훨씬 전, 그 아들이 어떤 사람이 될지 천사에게 분명히 들었습니다. 따라서 그녀는 예수님이 서른 살이 될 때까지 다른 형제들처럼 일상의 일들을 하며 나사렛 작은 마을에서 지내는 것을 두고 볼 수 없었을 것입니다. 어쩌면 그녀는 조속히 신령한 사명에 착수하라고 예수님께 권했을지도 모릅니다.

마귀가 광야에서 예수님을 시험한 것도 최초의 시험은 아니었을 것입니다. 당시 마귀는 예수님을 시험하면서 사람들 앞에서 즉각 이적을 베풀어 예수님이 누구인지 확실히 보여주라고 유혹했습니다. 그런 점에서 마귀가 이전에도 예수님께 귀한 세월을 낭비하지 말고 속히 소명을 실천하라고 말하면서 유혹했을 것이라 미루어 짐작할 수 있습니다. 뿐만 아니라 육적, 영적 곤궁으로 신음하는 백성들의 탄식 또한 예수님의 용기를 시험하는 충분한 요인이 되었을 것입니다.

우리는 예수님 생애의 전반적 특징이 바로 '온유함'이라는 것을 알고 있습니다. 예수님은 진짜 인간이었습니다. 더욱이 예수님은 모든 점에서 우리와 같아지셔야 했습니다.

> 그가 범사에 형제들과 같이 되심이 마땅하도다 이는 하나님의 일에 자비하고 신실한 대제사장이 되어 백성의 죄를 속량하려 하심이라 히 2:17

따라서 예수님도 '두려움'이 무엇인지 잘 알고 계셨습니다. 그리고 예수님은 그 사실을 숨기지 않으셨습니다. 예수님은 십자가 죽음을 앞둔 가장 두려운 순간에 "지금 내 마음이 괴로우니 무슨 말을 하리요"(요 12:27)라고 탄성을 지르셨습니다. 겟세마네 동산에서 그 영혼의 고뇌가 한층 중대되었기 때문이었습니다.

그러나 예수님은 두려움에 압도된 나머지 아버지의 뜻에서 이탈하는 잘못을 저지르지는 않으셨습니다. 예수님은 다른 모든 것은 다 제쳐놓고 오직 아버지의 뜻을 따라 살아가는 용기, 선한 의도에서 나온 것이지만 아버지의 뜻에 반하는 모든 충고에 흔들리지 않는 용기, 약삭빠른 계산과 사탄의 유혹과 권세를 쥔 자들의 위협에 조금도 요동하지 않는 용기를 지니고 계셨습니다.

용기와 관련해 예수님의 성품에서 가장 주목할 점은 바로 예수님이 '관용의 용기'를 가지고 계셨다는 점입니다.

> 욕을 당하시되 맞대어 욕하지 아니하시고 고난을 당하시되 위협하지
> 아니하시고 오직 공의로 심판하시는 이에게 부탁하시며 벧전 2:23

예수님은 자신이 땅에서 감당해야 할 사명을 매우 분명하게 확신하고 계셨기 때문에 불의한 자들을 심판하는 권리를 하나님께 요구하기를 원치 않으셨을 뿐 아니라, 그 권리를 사용하는 것도 원하지 않으셨습니다. 대신 예수님은 택함을 받은 백성들에게 정의를 베푸는 일을 아버지께 맡기셨습니다(눅 18:7). 예수님의 용기는 온유한 용기요, 전적으로 사랑의 지배를 받는 용기였습니다. 따라서 예수님은 격하게 흥분하거나 분통을 터트리지 않고 부당함의 고난을 능히 감내할 수 있으셨습니다.

예수님은 친구에게나 원수에게나 언제나 진리만을 말하는 용기를 지니고 계셨습니다. 예수님은 때로는 유순하게 진리를 말씀하시고 때로는 준엄하게 말씀하셨지만, 언제나 사랑으로 하셨습니다. 가르칠 때나 토론할 때나 자신의 이름을 조금도 구하지 않으셨습니다.

온유한 용기를 우리에게 주시는 예수님

예수님은 이 '온유한 용기'를 우리에게 주고자 하십니다. 예수님은 "나

는 마음이 온유하고 겸손하니 나의 멍에를 메고 내게 배우라"(마 11:29)라고 말씀하십니다. 우리는 예수님이 주시는 이 온유한 용기를 마음 깊은 곳에 새겨야 합니다. 그렇지 않으면 모든 것이 단지 의무감에 의해 예수님을 부자연스럽게 모방하는 수준에서 그치고 말 것입니다.

예수님께서 이 겸손한 용기를 우리 안에서 어떻게 일으키시는지 살펴보도록 하겠습니다. 먼저 예수님은 우리 자신의 비겁함과 우리에게 내재해 있는 진리에 대한 두려움을 직시하는 용기를 주심으로써 그 일을 시작하십니다. 우리가 영적으로 각성할 때, 예수님은 먼저 우리가 진리를 회피하기 위해 얼마나 애써왔고, 얼마나 구차한 변명을 둘러대며 살아왔고, 우리 죄를 얼마나 화려하게 치장하고 변호해왔는지 직시할 수 있는 용기를 주십니다.

하나님의 부르심의 빛이 깊은 잠에서 깨어난 어떤 영혼의 과거의 삶을 비추고 악하고도 부정한 그의 마음에 임하여 그 영혼이 가던 길을 멈추어 그 부르심의 빛을 응시할 때, 예수님께서 그 영혼 안에 겸손하지만 큰 용기를 일으켜주십니다. 이 점을 특별히 강조하고 싶습니다. 왜냐하면 인간이 자신의 모든 변명과 교활한 책략을 포기하고 하나님 앞에 나아와 "저는 죄를 지은 죄인입니다!"라고 자백하는 데에는 크고도 겸손한 용기가 필요하기 때문입니다. 뿐만 아니라 죄인이 하나님 앞에 나아가 서는 데에도 크고 겸손한 용기가 필요합니다.

중요한 사실은 오직 예수님만이 우리에게 이런 용기를 주실 수 있다는 사실입니다. 예수님께서 용기를 주지 않으시면 성령의 빛으로 자신의 죄를 직시한 죄인은 깊이 절망하여 감히 하나님께로 시선을 향하지 못할 것입니다. 죄인은 자신을 구원하기 위해 고난 당하시고 죽으신 예수님을 바라봄으로써, 어서 와서 값없이 온전한 구원을 받아들이라는 예수님의 부드럽고 온유한 초대에 응함으로써 감히 하나님 앞에 나아갈 용기를 얻습니다.

그러나 죄인들은 이 선물을 즉각 받아들이지 못하고 종종 오랫동안 머뭇거립니다. 그 선물이 매우 귀해 감히 자신을 위한 것이라고 믿지 못하기 때문입니다. 복음서에는 제자들에 관한 독특한 구절이 하나 있습니다.

그들이 너무 기쁘므로 아직도 믿지 못하고 눅 24:41

그러나 진실하고 각성된 영혼은 그리스도께 굴복하여 그분이 제안하시는 완전한 구원을 받아들이지 않을 수 없을 것입니다. 각성된 영혼이 마침내 자신의 죄를 자각하고 하나님께 나아가는 용기를 예수님께 얻을 때, 그 영혼은 온유해지는 용기, 겸손해지는 용기, 낮아지는 용기도 얻습니다. 그 영혼은 마음을 온유하게 하는 법과 낮추는 법을 예수님께 배웁니다. 이제 그 영혼은 예수님의 마음을 갖게 됩니다. 그리고 그 마음으로부터 그리스도인의 모든 온유한 말들과 행위가 비롯됩니다.

온유함은 두 가지 원천에서 비롯됩니다. 온유함이 계속 그리스도인의 마음에 거하고, 그리스도인의 외적 삶에 온통 스며들기 위해서는 두 가지 원천의 젖을 지속적으로 먹어야 합니다. 두 가지 원천은 다음과 같습니다.

첫째, 온유함은 죄 많은 영혼이 하나님 앞에서 진심으로 자신을 낮추는 것에서 비롯됩니다. 온유함은 겸손한 사람이 갖는 마음의 특징입니다. 우리가 마땅히 죽어야 할 죄인으로 날마다 그리스도의 십자가 앞에 서야 한다는 사실을 깨달을 때, 우리는 우리 자신을 낮추어 말과 생각으로뿐 아니라 실제 행동으로 다른 사람에게 더 많은 관용을 베풀 것입니다. 따라서 우리가 다른 이들에게 베푸는 관용은, 우리가 하나님 앞에서 우리 자신을 얼마나 낮추었는가를 정확히 보여주는 척도가 됩니다.

둘째, 죄인이 하나님 앞에서 자신을 낮추고 심판을 받아들이는 것에서만 온유함이 비롯되는 것은 아닙니다. 죽을 수밖에 없는 죄인이 날마다 그리스도의 십자가 앞에서 용서를 받아들이는 용기를 얻을 때, 바로 그 영혼은 자신이 하나님께 받은 것과 똑같은 관용과 연민의 자비를 옆에 있는 사람들에게 베풀도록 해주는 조용하고 겸손한 사랑의 용기, 곧 온유함을 얻게 됩니다. 이처럼 온유함은 겸손한 사랑의 용기입니다. 사랑의 용기는 모든 용기 가운데 가장 큰 용기입니다.

어머니가 자신의 자녀를 위해 대담하게 행하지 못할 일이 무엇이겠습니까? 그러나 자녀를 위한 어머니의 용기는 온화하고 유순한 용기요, 부드럽고 평온한 용기이기도 합니다. 용기가 얼마나 큰 사랑을 행하는지 다음의 성경 구절을 잘 읽어보시기 바랍니다.

사랑은 오래 참고 사랑은 온유하며 시기하지 아니하며 사랑은 자랑하지 아니하며 교만하지 아니하며 무례히 행하지 아니하며 자기의 유익을 구하지 아니하며 성내지 아니하며 악한 것을 생각하지 아니하며 불의를 기뻐하지 아니하며 진리와 함께 기뻐하고 모든 것을 참으며 모든

하나님을 믿는 용기

온유함은 '사랑의 용기'일 뿐 아니라 '믿음의 용기'이기도 합니다. 믿음과 사랑은 그리스도인의 삶에서 불가분의 관계로 결합되어 있습니다. 용기와 관련해서도 마찬가지입니다. 온유함은 사랑과 관계되어 있는 것만큼 믿음과도 관계되어 있습니다. 나는 우리가 하나님을 믿는 것이 세상에서 가장 용기 있는 일이라고 일체의 과장 없이 말할 수 있습니다.

물론 이 말은 이상하게 들릴 수 있습니다. 그리고 또 하나님을 의지하는 것보다 인간을 의지하는 데 더 많은 용기가 필요한 것처럼 보일 수도 있습니다. 그러나 우리는 사람들이 하나님보다 다른 것들을 더 쉽게 의지한다는 사실을 매일 목격합니다. 이는 오늘날 회개하고 하나님을 믿는 사람들이 매우 적은 이유이며, 또 회개에 이른 사람들이 오랫동안 주저하면서 기다리다가 나중에야 비로소 하나님의 부르심에 주의를 기울이는 이유입니다.

덴마크의 신학자 키에르케고르는 "하나님을 믿는 것은 15만 미터 깊이의 심연에 자신을 던지는 것과 같다!"라고 말했습니다. 하나님께서 우리 죄를 자각하게 해주심으로써 우리가 그 죄를 참을 수 없이 불쾌한 것으로 여기게 될 때, 우리는 비로소 그렇게 할 수 있는 용기를 얻게 됩니다. 그 전까지 우리는 진리의 빛으로 우리의 자아와 죄를 보기 위해 필요한 용기, 즉 하나님 앞에서 모든 것을 정직하게 아뢰기 전에 반드시 가져야 하는 그 온유한 용기를 가질 수 없습니다. 하나님께서 우리 죄를 자각하게 하실 때, 우리는 비로소 하나님과 우리 자신에게 정직하지 못한 것만 빼고 무엇이든지 기꺼이 행하고자 하는 그 신중한 용기를 얻습니다.

기독교 신앙을 처음 시작하는 단계에서만 믿음이 대단한 용기를 요구하는 것은 아닙니다. 믿음은 신앙생활을 시작한 이후에도 줄곧 계속되고 심지어 죽는 그 순간까지 지속되는 엄청난 용기의 산물입니다.

예수님은 하나님을 믿는 이 일을 엄청난 용기로 온전히 충만하게 행하신 유일한 분이십니다. 예수님은 하늘의 아버지를 절대적으로 신뢰하시고, 평생을 완벽하게 아버지의 뜻에 맞추어 사시며, 아버지의 인도 아래서 살아가신 유일한 분이십니다. 우리는 그런 삶에는 크나큰 위험이 수반된다고 생각합니다. 하나님의 뜻에 순종하면 우리 삶의 안위가 위태로워질 수 있다고 생각될 때마다 우리가 즉각 방향을 전환하여 우리 자신의 길로 내딛는 것이 바로 그런 이유입니다. 심지어 대부분의 경우, 우리는 하나님의 길에서 이탈하고 있다는 사실을 의식하지도 못합니다. 우리 자신의 뜻이 하나님의 뜻보다 더 지혜롭고 좋다고 생각하는 데 지나치게 익숙하기 때문입니다. 이 점에 대해 좀 더 상세히 생각해보도록 하겠습니다.

자신을 낮추어 겸손하게 살아가는 용기

하나님께서는 우리 자신을 낮추는 것이 위험하지 않다고 말씀하십니다. 사람들의 주목을 받지 않은 채로 무명(無名)으로 살아가는 것이 전혀 위험하지 않다고 말씀하십니다. 오히려 "누구든지 첫째가 되고자 하면 뭇 사람의 끝이 되며 뭇 사람을 섬기는 자가 되어야 하리라"(막 9:35)라고 말씀하십니다.

그러나 우리 입장에서 보았을 때, 친구처럼 다정하게 건네시는 주님의 이 권고를 따르는 데에는 적지 않은 온유함, 적지 않은 믿음의 용기가 필요합니다. 우리는 다른 사람의 주목과 존경을 받고 칭송의 대상이 되는 것이 인생에서 가장 중요한 일이라고 생각합니다. 물론 우리는 우리 자신이 비범한 사람이라고 주장하지는 않습니다. 그러나 다른 사람이 우리의 재능을 인정해주고, 육체적으로나 정신적으로 다른 사람보다 조금 특출한 모든 면을 주목해주기를 기대합니다. 따라서 다른 사람이 우리의 뛰어난 점들을 알아보지 못하거나 인정해주지 않으면 무시당했다는 느낌에 금세 실망하고 맙니다. 또한 그런 실망감이 종종 마음속 깊이 뿌리를 내려, 광범위한 영역에서 그리스도인의 교제와 협력을 파괴하는 결과를 빚기도 합니다.

실제 그리스도인들의 모든 모임에는 많든 적든 지도자들이 자신들을 오해해 고의로 무시하고 있다고 느끼는 사람들이 있습니다. 그들은 아무 것도 아닌 일에 짜증을 내고, 입을 삐쭉 내밀고, 토라지고, 비방과 음모와 획책을 통해 그리스도의 몸 된 교회에 대량의 나쁜 피를 주사합니다. 그리고 마침내는 파벌의 망령에 완전히 굴복하여 교회를 분열시키고 한동안 회복하기 어려운 심각한 타격을 입힙니다.

이와 같이 사람들의 주목을 받지 못한 채 무명으로 살아가는 데에는 엄청나고도 평온한 용기가 필요합니다. 거기에는 믿음의 용기가 필요합니다. "누구든지 자기를 높이는 자는 낮아지고 누구든지 자기를 낮추는 자는 높아지리라"(마 23:12)라고 말씀하신 분을 믿는 어린아이 같은 믿음, 인내의 믿음이 필요합니다. 또한 그렇게 말씀하셨을 뿐만 아니라 그렇게 사셨던 예수님을 믿는 믿음이 필요합니다. 사람들에게 무시당하고 간과되고 오해와 비방을 받았지만, 당대의 지도자들에게 인정을 받거나 대중들의 인기를 얻기 위한 일들을 전혀 하지 않으신 예수님을 믿는 믿음이 필요합니다.

　　예수님은 사람들의 무시와 경멸을 당하셨습니다. 그뿐만이 아닙니다. 예수님은 의도적으로 낮아지기로 결단하셨습니다. 따라서 예수님은 사람들의 주의를 끌만한 모든 것을 일부러 피하셨습니다. 예수님은 사람들이 그런 일을 목격하면 자신에 대해 그릇된 태도를 가지게 되리라는 것을 잘 알고 계셨습니다. 예수님은 이런 점을 염두에 두시고 놀라운 이적 가운데 많은 이적을 군중으로부터 멀리 떨어진 곳에서 일으키셨으며, 치유를 받은 사람들에게 그 사실을 아무에게도 알리지 말라고 명하셨습니다.

> 예수께서 그 사람을 따로 데리고 무리를 떠나사 손가락을 그의 양 귀에 넣고 침을 뱉어 그의 혀에 손을 대시며 … 예수께서 그들에게 경고하사 아무에게도 이르지 말라 하시되 경고하실수록 그들이 더욱 널리 전파하니 막 7:33-36

> 예수께서 맹인의 손을 붙잡으시고 마을 밖으로 데리고 나가사 눈에 침을 뱉으시며 그에게 안수하시고 … 예수께서 그 사람을 집으로 보내시며 이르시되 마을에는 들어가지 말라 하시니라 막 8:23-26

우리는 사람들에게 주목받지 못하고 무시를 당할까봐 두려워합니다. 그리스도인들의 모임 안에서만 그런 두려움이 만연한 것은 아닙니다. 그런 두려움은 우리의 사회생활에서도 독특하게 나타납니다. 우리는 친구들이나 직장 동료와 어울릴 때에도 주목받기를 원합니다. 그런 욕구가 우리 자신이 생각하는 것 이상으로 우리의 말과 행동을 지배합니다.

이는 가정에서도 마찬가지입니다. 우리는 가족들이 우리를 주목해주고, 우리의 인간 됨됨이와 우리가 그들을 위해 하는 일들을 알아주기 기대합니다. 그리고 만일 가족들이 우리의 기대에 부응하지 못하면 불만이 스멀스멀 마음속으로 기어 들어옵니다. 그리고 마침내 이런 불만의 요소가 싸늘한 안개가 되어 따스한 사랑의 숨통을 끊어버리고 가정을 황량하고 음침한 곳으로 만들어버립니다.

사도 바울은 "너희 관용을 모든 사람에게 알게 하라 주께서 가까우시니라"(빌 4:5)라고 말했습니다. 우리의 관용을 가장 먼저 알려야 할 사람들은 바로 가장 가깝고 소중한 가족들입니다. 그들이야말로 우리의 온유함이 가져오는 열매와 기쁨을 가장 먼저 수확하는 이들이 되어야 합니다. 가정은 온유함을 가장 열심히 연습하는 곳이 되어야 합니다. 가정은 낮아짐과 주목받지 못함을 땀 흘려 연습하는 곳이 되어야 합니다. 그래서 인생의 더 넓은 영역에서 그런 태도와 삶을 감내할 용기를 얻는 곳이 되어야 합니다.

다른 사람을 섬기는 용기

예수님은 다른 사람들을 섬기라고 권고하십니다. 그리고 다른 사람을 섬기는 일은 위험한 것이 아니라고 덧붙이십니다. 물론 예수님은 다른 사람을 섬기는 데에 엄청난 용기, 즉 엄청난 온유함이 필요하다는 사실을 잘 알고 계십니다. 우리는 다른 사람에게 섬김과 보살핌을 받는 것에는 전혀 반감을 가지고 있지 않습니다. 그러나 다른 사람을 섬기는 것에는 반드시 위험이 따른다고 판단하며, 다른 사람을 섬기면 반드시 낙오자가 될 수밖에 없다고 생각합니다.

예를 들어, 우리는 다른 사람에게 호의를 베풀다보면 자신의 시간을 잃게 될 것이라고 생각합니다. 그런 생각 때문에 누군가에게 우리의 호의가 필요할 때, 아무것도 하지 않고 그냥 내버려두는 경우가 얼마나 많은지 모릅니다. 그것도 가장 먼저 호의를 베풀어야 할 가정에서 말입니다. 불발로 지나간 그런 기회들은 우리를 향해 외마디 비명을 질러댑니다. 특히, 사랑하는 사람들이 먼저 세상을 떠나 그들을 위해 더 이상 아무것도 할 수 없을 때에는 더욱 그렇습니다.

다른 사람을 섬기기 위해 시간을 내는 데에는 정말 엄청난 믿음의 용기가 필요합니다. 우리의 섬김을 받는 사람들이 항상 감사의 마음을 가지는 것도 아니고, 심지어 어떤 이들은 우리의 호의를 의식하지도 못합니다. 그럴 때면 다른 사람을 섬기는 일을 즉각 중단하고 우리 자신의 일에 더욱 주의를 기울이고자 하는 유혹에서 벗어나기 어렵습니다.

은밀한 가운데 보시고 공공연하게 갚아주시는 예수님을 믿는 믿음이 없다면, 사람들 사이를 두루 다니시며 선한 일을 행하시는 데에 자신의 귀한 시간을 다 쏟으신 예수님을 믿는 믿음이 없다면, 인생에서 가장 중요한 일은 사심 없이 다른 사람을 섬기는 것이라고 마지막 날에 말씀하심으로써(마 25:34-40 참조) 우리를 놀라게 하신 예수님을 믿는 믿음이 없다면, 우리는 분명 다른 사람을 섬기는 일을 중단하게 될 것입니다.

사랑하는 이들이여! 우리는 지금 자신의 일과 인생의 과업에만 지나치게 몰두하여 옆에 있는 사람들에게 호의를 베풀 시간을 못 내고 있습니다. 그렇다면 지금 다른 사람을 돕기 위해 기꺼이 시간을 내는 믿음의 용기를 허락해달라고 한마음으로 하나님께 구해야 하지 않겠습니까? 우리가 인간의 삶에 포괄적이고 중대한 기여를 하지 못할지라도, 우리가 행한 것들이 그저 지리멸렬 분산된 것들이라 해도, 우리의 시간과 삶을 이웃에게 크고 작은 호의를 베푸는 데에 쏟는다면, 후대에 말로 다할 수 없는 귀한 유산을 남길 것입니다.

나는 예수님의 생애를 바라볼 때마다 다른 사람들을 섬기는 것보다 더 바람직한 방식으로 인생을 살아가는 길은 없다는 것을 명쾌하게 깨닫곤 합니다. 그러나 그런 삶을 살아가는 데에는 엄청난 용기와 온유함이 필요합니다. 그래서 나는 개인적으로 그런 용기와 온유함을 위해 기도하고자 하는 의욕을 항상 느낍니다.

우리는 다른 사람을 섬기면, 귀한 시간을 빼앗길 뿐 아니라 물질적으로도 손해를 보게 된다고 생각합니다. 다른 사람을 섬기는 일을 하지 않으면 물질적으로 더욱 풍요로울 수 있다는 생각에 봉사를 단념하는 경우가 얼마나 잦은지 모릅니다. 다른 사람을 섬기는 것은 우리의 편안함과 안일함에 무거운 부담으로 작용합니다. 물론 한창 다른 일에 열중하고 있을 때 다른 사람을 돕기 위해 일의 흐름을 끊는 것은 다소 불편하게 느껴지고, 휴식을 취하고 있을 때에는 더욱 그렇습니다.

그러나 우리는 안일함에 대한 우리의 사랑이 타인을 위한 봉사를 거부하는 진짜 이유라는 것을 인정할 만큼 자신에게 충분히 정직하지 못합니다. 대신 우리는 다른 사람들이 스스로 자신의 일을 처리하도록 내버려두는 것에 대해 '타당한' 핑계를 고안해냅니다.

다른 사람을 섬기는 데에는 정말로 대단한 용기와 온유함이 필요하며, 특히 섬김을 지속하는 데에는 더욱 그렇습니다. 우리는 믿음의 용기를 지닐 때에, "나의 양식은 나를 보내신 이의 뜻을 행하며 그의 일을 온전히 이루는 이것이니라"(요 4:34)라고 말씀하신 분을 믿을 때에만 섬김을 지속할 수 있습니다.

그리스도께서 주시는 이런 용기와 온유함을 기꺼이 받아들인다면 우리도 그리스도께서 느끼신 것들을 조금이나마 체험할 수 있을 것입니다. 또한 다른 사람을 위해 무엇인가를 하는 것, 즉 우리에게 도움을 요청하는 이들은 물론이고 도움을 요청하지 않는 이들을 위해서도 무엇인가를 하는 것이 우리 삶의 가장 절실한 욕구를 충족시키는 양식이 될 것입니다.

그리고 그럴 때 우리는 "온유한 자는 복이 있나니"(마 5:5)라는 예수님 말씀의 진의를 체험할 것입니다. 우리는 다른 사람을 섬길 때 찾아오는 기쁨보다 더 순결하고 깊은 기쁨을 체험하지 못할 것입니다. 우리의 도움을 받은 사람들의 행복한 얼굴과 감사의 표정에 의해서만 우리 삶이 풍요와 기쁨으로 채워지는 것은 아닙니다. 그런 것들보다는 우리 영혼 안에서 일어나는 일, 곧 우리가 그들을 진정으로 사랑하고 있다는 사실이 훨씬 더 중요합니다. 다른 사람을 섬기는 것은 사랑의 가장 자연스러운 표현입니다. '섬김' 속에 다른 모든 것을 능가하는 형언하기 어려운 만족과 기쁨이 있는 것이 바로 그런 이유입니다. 다른 사람을 진정으로 사랑할 때, 우리의 가장 평범한 삶조차도 흥겨운 축제 분위기를 띱니다.

우리가 다른 사람을 섬길 때 그들은 행복해집니다. 그러나 다른 사람을 섬긴 우리는 더욱더 행복해집니다. 이와 같이 살아갈 때 그들과 우리 삶의 모든 국면이 이전과는 완전히 다른 양상을 띱니다. 하나님을 향한 공통된 감사의 마음이 모두의 마음을 하나로 결속해 가장 극심한 시련이라도 능히 견딜 수 있는 용기와 힘을 얻게 합니다.

다른 이들에게 자신의 것을 주는 용기

예수님께서는 우리의 것을 다른 사람들에게 주라고 권고하십니다. 그리고 주는 것은 위험한 것이 아니라고 덧붙이십니다. 물론 예수님은 주는 데에는 엄청난 용기와 온유함이 필요하다는 사실을 잘 알고 계십니다. 그러나 우리는 무엇인가를 주는 데에는 위험이 수반된다고 생각합니다. 우리가 가진 것 가운데 얼마만큼을 내놓아야 할지 결정해야 할 때, 지나치게 신중한 자세를 취하며 꼼꼼하게 계산하는 것이 바로 그 때문입니다. 그럴 때에 우리는 가계지출 항목과 액수가 얼마나 많은지, 최근에 이런저런 명목으로 얼마를 기부했는지 정확히 알고 있는 유능하고 영리한 검약가로 돌변하여 부지런히 계산기를 두드립니다.

하지만 우리 자신이나 사랑하는 사람을 위해 무엇을 구입할 때는 그렇게 엄격한 검약가가 되지 않습니다. 그럴 때에는 인색하게 굴지도 꼼꼼하게 계산하지도 않습니다.

다른 사람에게 무언가를 주는 데에는 정말로 대단한 믿음의 용기가 필요합니다. 우리는 누군가에게 베푼 돈이나 물질적인 것들을 잃어버린 것으로 간주합니다. 그래서 의미심장하게도 '베풀다'(give away)라고 말할 때 '주어 버리다'(give away)라는 표현을 사용합니다. 하지만 믿음은 정말로 '주는' 용기를 가지고 있습니다. 불신앙이 결코 보지 못하는 것, 주는 것과 관련된 축복을 보기 때문입니다.

믿음은 무엇보다 먼저 곤궁을 덜어주는 축복, 궁핍한 사람들을 돕는 축복, 절망과 낙심의 어두운 그림자가 드리운 가정과 마음에 환한 빛을 비추는 축복을 보게 합니다. 다른 사람을 행복하고 안전하게 하는 데 작은 기여를 하는 것이 얼마나 큰 축복인지 모릅니다. 물질을 베푸는 것뿐 아니라 자발적 희생과 진심 어린 걱정을 통해 억압과 두려움에 짓눌려 인간에 대한 믿음을 잃어가는 영혼들에게 믿음을 소생시키는 이것이 얼마나 귀한 축복인지, 인간에 대한 믿음을 잃고 세상과 인생이라는 거대한 얼음 창고에서 동사(凍死)할 위기에 처한 영혼들에게 믿음을 회복시켜주는 것이 얼마나 놀라운 축복인지 모릅니다.

그런 다음으로 우리 자신을 향한 축복, 곧 우리의 모든 자발적 섬김이 우리 영혼에 남기는 내적 행복과 기쁨에 대해 생각해보시기 바랍니다. 도움을 받은 사람들이 우리에게 되돌려 부어주는 감사와 사랑에 대해서만 말하는 것이 아닙니다. 그들이 우리의 섬김을 가볍게 여기고 심지어 무시할 때라도 주는 것 자체와 관련된 바로 그 기쁨에 대해 말하는 것입니다. 이런 기쁨이야말로 사랑의 참된 기쁨입니다.

따라서 그것은 절대적인 의미에서 '하나님의 기쁨'입니다. 하나님의 생명이 영원부터 영원까지 '주는 것' 안에 있기 때문입니다. 하나님께서 우리의 모든 송축을 받아 마땅하신 것이 바로 그 때문입니다. 하나님께서는 "하나님이 그 해를 악인과 선인에게 비추시며 비를 의로운 자와 불의한 자에게 내려주심이라"(마 5:45)라는 예수님 말씀 그대로 선한 자와 악한 자, 의로운 자와 불의한 자에게 은혜의 빛을 비추어주십니다.

우리 삶을 하나님 마음이 거하기 합당한 곳으로 서서히 변화시키고 그 마음을 다시 '주는 사랑'으로 나타낼 때 우리는 하나님의 기쁨, 즉 하나님께서 주시는 가장 순결하고 가장 심오한 기쁨에 참여하는 자들이 될 것입니다.

'주는 사랑'은 인생의 만능 열쇠

그리스도인으로서의 우리 삶이 도무지 행복하지 않고 그저 공허하다면, 틀림없이 다른 사람에게 베푸는 것을 망각했기 때문입니다. 따라서 눈을 뜨고 우리 주위에 산재한 고통을 바라보시기 바랍니다. 우리의 희생과 나눔을 통해 그 고통을 덜어주시기 바랍니다. 그러면 주변 사람들의 삶에는 물론이고 우리 마음에도 놀라운 변화가 일어날 것입니다. 우리는 하늘과 땅, 인간과 짐승, 꽃과 시내 등 모든 것을 전혀 다른 빛으로 보게 될 것입니다. 그것들이 우리에게 미소를 보낼 것이고, 우리 또한 그것들에게 미소를 보낼 것입니다.

이기심은 우리를 고립시킵니다. 사람들로부터뿐 아니라 인생의 모든 것들로부터 우리를 고립시킵니다. 인생의 문은 이기주의자 앞에서 자동으로 쾅 닫힙니다. 이기주의자는 어느 방향으로 바라보든, 무엇을 바라보든 자신 외에는 아무것도 보지 못합니다. 반면에 '주는 사랑'은 만능 열쇠

와도 같이 모든 곳으로 향하는 문을 활짝 열어줍니다.

그런 삶을 사는 사람은 놀랍고 아름답게도 동물 세계와 하나가 되는 것, 식물 세계와 하나가 되는 것, 인생의 모든 것과 하나가 되는 것을 체험합니다. 그런 삶을 사는 사람은 주변 사람들을 볼 때, 잘되기를 소망합니다. 동물들을 볼 때나 식물들을 볼 때도 잘되기를 소망합니다. 그들은 인생의 심오한 기쁨과 평온한 부유함을 맛봅니다. '살아가는 것'을 말할 수 없는 은혜로 여겨 하나님께 감사를 드립니다. 또한 그들은 예수님께서 약속하신 것을 체험합니다.

주라 그리하면 너희에게 줄 것이니 곧 후히 되어 누르고 흔들어 넘치도록 하여 너희에게 안겨 주리라 너희가 헤아리는 그 헤아림으로 너희도 헤아림을 도로 받을 것이니라 눅 6:38

따라서 그런 삶을 사는 사람들은 주는 데서 비롯되는 또 다른 축복, 곧 활짝 열린 마음과 활짝 펼친 손에 부수적으로 따르는 물질적인 성공의 축복을 만납니다. 하나님께서는 '주는' 사람은 부족함으로 인해 고통당하지 않을 것이라고 정하셨습니다. 이것은 나의 말이 아니라 예수님의 말씀입니다. 주는 사람은 하나님께 되돌려 받을 것입니다.

어쩌면 예수님의 이 말씀이 터무니없는 것처럼 들릴 수도 있습니다. 그리고 실제로 많은 사람이 이 말씀을 공격해왔습니다. 그들은 기독교가 그 추종자들을 부추겨 단지 하나님의 호의를 얻고 또 그들 자신의 경제적 지위를 향상시키기 위해 관대함을 실천하게 한다고 비난합니다.

그러나 이런 사고방식은 하나님 말씀에 대한 철저한 오해에서 기인한 것입니다. 예수님께서 주목하시는 것은, 그 옛날 성전의 헌금함 옆에 앉으셨을 때나(막 12:41-44 참조) 오늘날에나 우리가 바치는 외적인 물질이 아니라 물질을 바치고자 하는 마음이라는 사실을 명백히 깨달을 것이기 때문입니다. 예수님께서는 이익을 얻기 위해 관대한 행위를 하는 사람은 이미 보상을 받았기 때문에 하나님으로부터 아무것도 얻지 못할 것이라고 분명히 말씀하셨습니다.

> 사람에게 보이려고 그들 앞에서 너희 의를 행하지 않도록 주의하라 그리하지 아니하면 하늘에 계신 너희 아버지께 상을 받지 못하느니라 그러므로 구제할 때에 외식하는 자가 사람에게서 영광을 받으려고 회당과 거리에서 하는 것 같이 너희 앞에 나팔을 불지 말라 진실로 너희에게 이르노니 그들은 자기 상을 이미 받았느니라 마 6:1,2

그러나 순전히 사랑의 자극을 받아 다른 사람들을 돕기 위해 베푸는 사람, 그래서 남들에게 물질을 베풀 때 자신의 이익에 대해 전혀 생각하지 않는 사람은 하나님께 보상을 받을 것입니다. 하나님께서는 그런 사람에게 은밀하게 보상하실 뿐 아니라 공공연히 보상하실 것입니다. 이는 내 말이 아니라 '예수님의 말씀'입니다.

> 너는 구제할 때에 오른손이 하는 것을 왼손이 모르게 하여 네 구제함을 은밀하게 하라 은밀한 중에 보시는 너의 아버지께서 갚으시리라 마 6:3,4

따라서 우리가 주목해야 할 사실은 '하나님에 대한 믿음의 용기를 가지고 주변 사람들에게 사랑하는 마음으로 베푸는 사람은 금전적인 차원에서 놀라운 일들을 체험하게 되리라는 것'입니다. 그런 사람은 자신에게 음식이나 의복이나 돈이 언제나 풍족하다는 사실을 깨달을 것입니다. 그는 자신의 빈약한 수완이 어떻게 자신과 가족들을 그렇게 풍족하게 하는 것인지 의아해할 것입니다. 그는 자신보다 더 가난한 사람들에게 늘 베풀지만, 자신에게 필요한 것들을 늘 풍족하게 받을 것입니다.

하나님께서는 그가 소유한 모든 것과 행하는 모든 일에 '하나님의 추가분'을 은밀하게 덧붙이십니다. 하나님께서는 그의 모든 삶을 높이 들어 올리시고 거룩한 기초 위에 놓으십니다. 그는 전능하신 하나님의 일꾼으로 허락 받았다는 사실에 한없는 행복과 안위를 느낍니다. 하나님의 복을 소유하지 못한 어떤 부자가 전 재산을 내놓으면서 그 자격과 바꾸자고 해도 그는 절대 바꾸려 하지 않습니다.

온유한 자에게 쉼을 약속하시는 주님

주님께서는 온유한 사람들에게 영광스러운 약속을 하십니다. 이와 관련된 말씀 세 구절을 인용하여 하나님께서 무엇을 약속하시는지 간략히 살펴보겠습니다. 첫 번째 말씀은 다음과 같습니다.

> 나는 마음이 온유하고 겸손하니 나의 멍에를 메고 내게 배우라 그리하면 너희 마음이 쉼을 얻으리니 마 11:29

명예를 향한 갈망은 인간을 요동하고 지치고 쇠잔하게 합니다. 그것은 이를 추구하는 인간의 삶을 엄청난 비극으로 만듭니다. 명예를 추구하는 인간은 다른 사람들에게 인정과 주목을 받지 못하고 깊은 인상을 끼치지 못할까봐, 사회적으로 성공하지 못하고 맨 앞에 서서 걷지 못할까봐 항상 불안해합니다. 그 사람 자신도 어느 정도 의식하고 있는 이런 불안함이 언제나 그 영혼을 가득 채웁니다.

그러나 사람들의 주목을 받지 않고 겸손하게 사는 용기를 지닌 사람은 영혼을 갉아먹는 이런 불안으로부터 완전히 자유롭습니다. 그들은 예수님께서 온유한 이들에게 약속하신 쉼을 진리 안에서 체험합니다. 그들은 다른 사람들이 자신을 과대평가하지 않는다는 사실에서 쉼을 얻습니다. 대체로 주변 사람들은 그들을 과대평가합니다. 그러나 그들은 진리의 빛으로 자신을 바라보는 용기가 있기 때문에 다른 사람들이 자신을 과대평가하고 있다는 것을 잘 알고 있습니다. 그들은 다른 사람들이 자신을 종종 과대평가해 지나치게 많은 것을 기대한다는 것을 생각할 때 괴로워합니다.

그러므로 그들은 다른 사람들이 자신을 과대평가하지 않을 때, 그리고 자신이 다른 사람들이 생각하는 것 이상의 역량을 갖추고 있다는 사실을 의식할 수 있을 때 놀라운 쉼과 기쁨을 체험합니다. 그들은 "온유한 사람은 복이 있다"(마 5:5)라는 예수님의 말씀이 진리임을 체험합니다. 그는 정말 역설적으로 다른 사람들에 의해 낮아질 때 기쁨을 체험합니다.

그의 기쁨의 원천은 무엇일까요? 그것은 바로 주님과의 교제입니다. 낮아짐을 체험할 때보다 겸손한 사람들이 주님과 더 완전하게 결합되어 있다고 느끼는 때는 없습니다. 그들은 자신의 작은 십자가를 지고 기꺼이, 안전하게, 기쁘게 주님의 발자취를 따라 걷습니다. 그들은 자신의 십자가와 그리스도가 어떻게 관계되어 있는지 체험하며, 자신의 십자가를 지는 것이 그리스도인으로서 삶을 살아갈 때 인생의 짐을 능히 지고 나아갈 새로운 힘과 기쁨을 준다는 것, 이전에 전혀 알지 못했던 힘과 기쁨을 준다는 것을 체험합니다.

동시에 그들은 모든 것을 하나님의 심판에 맡기며 기뻐합니다. 그는 다른 사람에게 오해를 받고 무시를 당할 때마다, 또한 거꾸로 다른 사람의 호의와 칭찬에 시선이 쏠려 하나님의 칭찬을 구하는 것을 소홀히 하게 될 때마다 무엇인가에 내몰리듯이 하나님 면전으로 나아갑니다. 그리고 거기에서 자기 자신과 자신의 모든 동기를 하나님 앞에 쏟으며, 이전에 결코 알지 못했던 안도감을 체험합니다.

온유한 자에게 은혜를 약속하시는 주님

하나님께서 온유한 자들에게 약속하신 것과 관련된 두 번째 성경 구절은 다음과 같습니다.

하나님이 교만한 자를 물리치시고 겸손한 자에게 은혜를 주신다 했느니라 약 4:6

교만한 사람의 안타까운 점은, 그들의 교만한 태도로 인해 하나님의 은혜의 원천으로부터 자신을 제외시킨다는 사실입니다. 겸손한 사람의 다행스러운 점은, 그 사람이 언제나 하나님의 충만하신 은혜와 견고한 영적 접촉을 유지한다는 사실입니다. 그 때문에 겸손한 사람은 하나님과의 관계에서나 주변 사람과의 관계에서나 놀라운 삶의 능력을 소유하게 됩니다.

겸손한 사람은 정직하게 자신을 평가하기 때문에 언제나 영적으로 가난한 상태에 머무릅니다. 하나님께서는 풍성한 선물로 그 사람을 끊임없이 만족시켜주시며(눅 1:53 참조), 성령께서는 괴로워하는 그 영혼에 그리스도에게 속한 것들을 날마다 설명해주십니다. 그렇게 그 사람은 하나님과 완벽하게 화목하며 온전히 풍성한 영혼을 소유합니다.

하나님께서는 겸손한 사람의 모든 인간관계에 은혜를 베푸십니다. 겸손한 사람의 태도는 인생의 모든 상황을 명확하고도 평온하게 분석하는 특별한 능력을 줍니다. 겸손한 사람은 다른 사람과 사귀는 뛰어난 능력을 얻습니다. 그래서 우리 눈에 언제나 올바른 각도에서 다른 이들에게 다가갈 수 있는 능력을 지닌 것처럼 보입니다. 겸손한 사람은 그 마음의 겸허함과 낮아짐으로 만나는 모든 이들에게서 가장 좋은 점을 이끌어냅니다. 겸손한 사람은 겸허한 마음과 기꺼이 섬기고자 하는 자세로 자신의 의견에 반대하는 사람들조차 친구로 만듭니다.

겸손한 사람은 어디에서나 주님을 위해 할 일을 발견합니다. 겸손한 사람은 작은 일에 충성을 다하므로 눈에 띄는 대단한 임무를 받을 때까지 기다리지 않습니다. 겸손한 사람은 온유함을 소유하고 있습니다. 겸손한 사람은 하나님나라의 크고도 중대한 일들은 다른 사람에게 맡기고, 자신은 눈에 잘 띄지 않는 작은 일들을 행하는 성급하지 않은 용기를 지니고 있습니다. 그런 일들을 하면서 자신을 곤하게 하는 것은 극소수의 사람들만이 지니고 있는 용기입니다.

정말로 하나님께서는 겸손한 자에게 은혜를 베푸십니다. 이 온유한 영혼들에게서는 측량할 수 없는 능력이 방출됩니다. 그들은 조용하고 겸손하게 모든 인간의 양심을 끌어당깁니다. 그들은 어디에서나 그리스도의 달콤한 풍미를 나타냅니다. 확실히 말하지만, 길 잃은 영혼들을 그리스도께 데려오는 데에 겸손한 이들보다 더 적격인 이들은 없습니다. 그들은 어디를 가든지 사람들의 신뢰와 확신을 얻어내기 때문이며 모든 영혼이 그들에게 마음을 활짝 열기 때문입니다.

온유한 자를 높여주겠다고 약속하시는 주님

하나님께서는 또한 자기를 낮추는 자는 높아지게 해준다고 약속하셨습니다.

> 무릇 자기를 높이는 자는 낮아지고 자기를 낮추는 자는 높아지리라
>
> 눅 14:11

하나님께서 그렇게 약속하신 이상, 어떤 인간이나 어떤 귀신도 이 약속을 훼방할 수 없다는 것을 우리는 잘 알고 있습니다. 또한 예수님께서는 "온유한 자는 복이 있나니 그들이 땅을 기업으로 받을 것임이요"(마 5:5)라고 말씀하셨습니다. 이 말씀은 온유한 사람들이 전장(戰場)을 지배하리라는 의미입니다.

사실 그들은 항상 다른 이들에게 양보합니다. 언제나 다른 사람들에 의

해 낮아지고 무시를 당합니다. 다른 사람들은 모든 권리와 이익을 차지하려 아등바등하지만, 그들은 자신의 입장을 주장하지도 완력으로 관철하지도 않습니다. 사회의 가혹한 경쟁에서 그들은 언제나 패배당하는 편에 속해 있습니다. 그러나 그들은 인간에 의해 낮아질 때마다 하나님에 의해 높여집니다. 또한 그들은 외적으로도 높여집니다. 그들 자신은 바라지 않음에도 불구하고, 하나님께서 그들을 대중의 신망을 받고 영향력과 힘을 행사하는 매우 높은 지위에 종종 앉히시기 때문입니다.

나는 다른 사람들의 음모와 파벌 의식으로 인하여 형제자매들에게 오해와 중상과 비방을 당하고 완전히 무시당했던 몇몇 그리스도인들을 알고 있습니다. 그들은 문제를 일으킨 사람들에게 복수하는 것은 얼토당토 않은 처사라고 느꼈으며, 또 실제로 복수하는 것이 가능하지도 않았습니다. 그들을 비방하는 사람들이 마침내 상황을 완전히 장악할 때까지 온갖 종류의 공격과 술책과 책략을 멈추지 않기 때문입니다. 그 일에 관련된 온유한 그리스도인들은 모든 것들로부터 물러나야 했을 뿐 아니라 심지어 명예와 신망을 박탈당했습니다.

그들은 그런 굴욕과 패배를 감내하는 용기를 지니고 있었습니다. 그들은 오직 주님만을 바라보았고 모든 것을 의롭게 판단하시는 주께 자신의 문제를 맡겼습니다. 그럼에도 그런 시기를 지나는 것은 여간 끔찍한 일이 아니었습니다. 그들은 산 채로 살가죽이 벗겨지는 것 같은 고통을 감수해야 했습니다.

그러나 그 일이 결국에는 어떻게 되었을까요? 몇 해가 지난 뒤에 상황은 완전히 바뀌었습니다. 주께서 겸손한 종들을 높여주신 것입니다. 문제를 일으킨 자들의 간교한 음모와 책동의 전모가 마침내 드러났고, 자진하여 고통을 감내하던 사람들의 참된 본성이 밝혀졌습니다. 이후 그 누구도 온유한 그리스도인들을 비방하던 자들에게 하나님 일의 지도자 자리를 맡기는 것에 대해 더 이상 생각조차 하지 않았습니다.

반면 이전에 무시당하던 온유한 형제들은 모든 사람들 앞에서 억울한 혐의를 깨끗이 벗었을 뿐 아니라 박해를 당하는 동안 줄곧 보였던 그 온유한 모습으로 인해 형제들 사이에서 오히려 더욱 두터운 신임을 얻게 되었습니다. 또한 그 지역의 그리스도인들을 섬기는 데에 누구보다 더 합당한 그릇들로 여김을 받게 되었습니다.

물론 문제가 항상 이런 식으로 풀리는 것은 아닙니다. 하나님은 자신만의 방법을 가지고 계시고, 또 자신의 뜻에 따라 행하시기 때문입니다. 심지어 하나님의 아들은 죽기까지 굴욕과 박해를 당하셔야 했습니다. 그리고 그분이 십자가에서 죽으실 때에 원수들이 승리한 것 같아 보였습니다. 하나님께서 많은 자녀들을 이와 같은 방식으로 다루신다는 점은 의심의 여지가 없는 사실입니다. 하나님께서는 그들의 억울한 혐의를 외적으로 벗겨주지 않으십니다. 다른 방법으로 높이기를 원하시기 때문입니다. 그리고 하나님께서 한 영혼을 높이고자 하시면, 그 어떤 인간도 귀신도 이를 막을 수 없습니다.

하나님께서는 인내하는 온유한 영혼에게 모든 사람의 양심을 끌어당기는 내적, 영적 높아짐을 허락하십니다. 그것은 그들의 아름다운 영혼에서 빛을 발산하여 심지어 그들의 외양까지도 고결하고 찬란하게 하는 영적 숭고함이며, 모든 사람들이 주목하지 않을 수 없는 영혼의 순수함이요, 꾸밈없는 존귀함입니다.

그런데 대부분의 경우 이런 영혼들은 자신들이 이런 내적 높아짐을 소유하고 있다는 것을 의식하지 못합니다. 그러나 그 사실이 오히려 다른 사람들에게 더욱더 깊은 인상을 줍니다. 모세가 시내 산에서 하나님을 만나고 내려왔을 때에 그 얼굴에서 광채가 났지만, 정작 자신은 알지 못했던 것과 같습니다.

너희 관용을 모든 사람에게 알게 하라 빌 4:5

온유한 사람들은 이런 기쁨 또한 체험합니다. 그들의 관용이 모든 이들에게 명백히 나타나지만, 정작 그들 자신은 의식하지 못하기 때문입니다.

CHAPTER 04

주님의 날개 아래로
—
우리의 어려움을 전능자의 날개 아래로 가져갈 수 있다

**지존자의 은밀한 곳에 거주하며 전능자의 그늘 아래에 사는 자여,
나는 여호와를 향하여 말하기를 그는 나의 피난처요 나의 요새요
내가 의뢰하는 하나님이라 하리니** 시 91:1,2

하나님 가까이에 있을 때 우리는 안전하다

어머니는 내가 열네 살 때 세상을 떠나셨습니다. 따라서 어머니에 대한 기억이라고는 유년시절의 기억밖에 없습니다. 그러나 그 기억은 아직 생생하고 명확합니다. 기억을 되살려 최대한 과거로 돌아가보면 어머니는 병약한 분이셨습니다. 어머니는 침상에 누워 지내지는 않으셨지만, 대부분의 시간을 의자에 앉아 보내셨습니다. 아버지가 병약한 어머니를 배려해 안락의자를 사다 주셨던 기억이 납니다. 어머니는 거실에 있는 그 안락의자에 앉아 책을 읽거나 뜨개질을 하시곤 했습니다. 그래서 우리 형제들은 어머니를 찾으려면 어디로 가야 하는지 잘 알고 있었습니다.

특별히 생생하게 기억나는 것은 길고도 길었던 겨울밤입니다. 우리 형제들은 어머니가 계신 거실 바닥에 앉아 놀곤 했습니다. 우리는 조용히 놀아야 했습니다. 병약한 어머니께서 시끄러운 것을 견디지 못하셨기 때

문입니다. 그러나 우리 옆에 앉아 숙제를 도와주고 함께 놀이를 하면서 잔잔한 목소리로 말을 건네고 밝은 미소를 보여주시는 어머니에게서 얼마나 큰 아늑함과 편안함을 느꼈는지 모릅니다. 거의 50년의 세월이 지났지만 당시 느꼈던 안락함과 행복을 회상만 해도 마음이 흡족해집니다.

이 유년시절의 기억이 "지존자의 은밀한 곳", "전능자의 그늘"이라는 성경 구절에 빛을 비춥니다. 이 구절들은 하나님께서 우리가 어떤 식으로 그리스도인의 삶을 살기 바라시는지 가르쳐줍니다. 우리는 전능자의 발치, 지존자의 은밀한 곳에서 짧은 인생을 살 수 있다는 것을 인생 최고의 특권으로 여겨야 합니다.

지극히 크고 선하신 하나님 아버지께서 우리 가정과 일상의 삶 한가운데 계십니다. 하나님과 함께할 때, 우리는 안전합니다. 하나님께서는 우리가 하나님의 자녀로서 아버지처럼 이끌어주시는 하나님의 안내를 받으며 일할 뿐 아니라 하나님의 은은한 미소를 받으며 자신의 앞에서 놀기를 가장 바라십니다.

우리가 이 땅에서 살아야 할 삶은 어렵고 복잡한 삶이요, 온갖 근심과 고통으로 가득한 삶입니다. 우리가 살아야 할 세상은 악하고 위험하고 두려운 세상입니다. 더욱이 세상에 관한 최악의 사실은, 죄와 죄인들이 그 안에 거하는 한 결단코 달라지지 않으리라는 것입니다. 적어도 하나님께서 정하신 마지막 날이 오기 전까지는 그렇습니다.

죄와 슬픔과 비탄과 죽음의 세상에서 고통당하며 아파하는 영혼이 해방과 평화와 안위를 찾을 수 있는 유일한 곳은 바로 '지존자의 은밀한 곳'입니다. 하나님께서는 죄악으로 가득한 이 세상에 사는 죄인들을 돕기 위한 다른 수단을 가지고 계시지 않으십니다. 그러나 하나님께서 내놓으시는 도움은 우리의 모든 필요를 채우고도 남습니다.

어릴 적 그저 어머니 곁에 있는 것만으로도 안도감을 느꼈던 것이 생생하게 기억납니다. 어머니와 가까이 있다는 사실은 어린 내게 특별한 안도감을 주기에 충분했습니다. 한층 더 깊은 의미에서 이는 하나님에 대해서도 마찬가지입니다. 우리 영혼은 단지 하나님 앞에 있는 것에서 도피처를 발견할 수 있고, 우리 영혼을 정복하려고 애쓰는 사악하고 위험한 세력과 맞서는 데 필요한 은밀한 곳을 찾을 수 있습니다.

나의 유년시절, 어머니가 앉아 있는 포근하고 아늑한 거실은 바깥세상의 사악함을 몰아내지는 못했습니다. 그러나 그곳은 바깥세상의 위험한 영향력이 우리에게 이르지 못하도록 막을 수는 있었습니다. 거기서 우리는 안전함을 느꼈습니다. 그 방의 벽 안에서 우리는 보이지 않는 갑옷을 입고 있었습니다. 그 갑옷은 우리가 아무런 해를 당하지 않고 사악한 세상을 드나드는 것을 가능하게 해주었습니다. 우리가 의식하지 못해도 우리 모두의 머리 위에는 인생의 불안과 죽음에 대한 두려움이 마치 사형수를 질식시키는 데 쓰이는 보자기처럼 드리워 있습니다. 그러나 우리는 지존자의 은밀한 곳, 하나님께서 가까이 계시는 곳에서 그런 불안과 두려움에서 해방되는 데 필요한 안도감을 얻습니다. 그런 불안과 두려움은 우리 영혼의 가장 깊은 곳에서 역류처럼 작용하면서 우리 삶에 어두운 그림자를 던집니다.

그러나 우리 하나님은 정말로 크신 분이므로 단지 하나님 앞에 나아가기만 하면, 태양이 솟은 뒤에 빛이 뒤따르는 것처럼 우리 영혼에 안도감이 확실히 싹트기 시작합니다. 그것은 단지 하나님이 하나님이시기 때문입니다. 우리는 단지 하나님 옆에 있음으로써 불행으로 가득한 이 사악하고 위험한 세상을 포함하여 인생의 모든 것에 대해 올바로 반응할 수 있게 됩니다. 우리는 지존자의 은밀한 곳에 있을 때 주변의 모든 것들, 이를테면 인간과 마귀, 슬픔과 기쁨, 번영과 역경, 고난과 죽음 등을 올바른 빛으로 보는 법을 배웁니다.

우리가 하나님 가까이 있을 때 그것 자체가 죄악 된 세상을 변화시키거나 인생의 위험과 슬픔과 죽음과 마귀의 사악함을 제거하는 것은 아닙니다. 그러나 하나님 가까이 있으면 사악하고 위험한 모든 것에 직면해도 안도감을 얻을 수 있습니다. 하나님 가까이 있을 때 우리는 은밀한 갑옷을 입고 위험하고 악한 세상의 한가운데를 안전하게 걸을 수 있습니다.

지존자의 은밀한 곳으로 피하라

그러나 우리는 하나님께서 우리의 지치고 불안한 영혼을 위해 준비하신 이 은밀한 곳을 너무 쉽게 망각합니다. 가장 행복한 순간에도 우리의 죄가 우리를 괴롭게 한다는 내용의 옛 노래가 있습니다. 그렇습니다. 우리는 날마다 자신의 부족함을 느껴 염려하고 낙심합니다.

양심적인 그리스도인은 자신이 날마다 하나님과 사람에게 생각과 말과 행동으로 죄를 범한다는 사실을 통렬히 의식합니다. 무엇보다 그는 자신이 매일 '소홀히 하는 죄'를 범하고 있음을 깨닫습니다. 그는 자신이 다른 사람들을 소홀히 하고 오직 자신만을 위해 살고 있음을 분명히 자각합니다. 그는 자신의 마음이 세속에 물들어 있다는 것과 자신의 기도생활이 나태하다는 것과 자신이 하나님 말씀에 무관심하다는 것과 성령의 이끄심에 불충하여 순종하지 않고 있다는 것을 매일 깊이 의식합니다. 그런 의식과 자각이 그를 더욱 아프게 하고 근심스럽게 하고 불편하게 합니다. 그는 자신이 하나님의 자녀인지 아닌지, 하나님의 은혜로운 약속을 붙잡을 합당한 권리가 있는지 없는지, 하나님의 은혜에 반하여 죄를 지으면서 하나님의 구원으로부터 영원히 자신을 배제시키는 영적 배신행위를 하고 있는 것인지 아닌지를 종종 확신하지 못합니다.

바로 그럴 때 지존자의 은밀한 곳에서 피난처를 찾는 것이 필요합니다. 암탉은 폭우가 밀려오거나 맹금류가 접근할 때 급히 자기 새끼들을 날개 아래로 도피시킵니다. 마찬가지로 우리 영혼의 원수가 일으키는 비난의 폭우가 급습할 때, 지존자의 은밀한 곳으로 속히 피난하시기 바랍니다. 하나님께서 우리 같은 모든 사람을 받아줄 준비를 마치고 기다리고 계시기 때문입니다. 그분께서 지금 우리를 기다리고 계십니다. 또한 우리가 하나님의 복된 상처 아래로 피하기를 계속 거부하고 있다는 사실로 인하여 슬퍼하고 계십니다.

우리는 "그렇지만, 그래도 되는 건가요?"라고 말할지도 모릅니다. 또한 "저는 과거에 하나님의 은혜를 헛되이 낭비하고 말았습니다. 그런 제가 하나님의 은혜를 또다시 헛되이 낭비하면 어떻게 하지요?"라고 물을지도 모릅니다.

첫 번째 진술도 나쁘지만, 두 번째 진술은 훨씬 더 나쁩니다. 친구여! 우리는 하나님께서 이 문제에 대해 무엇이라 말씀하셨는지 망각하고 있습니다.

건강한 자에게는 의사가 쓸데없고 병든 자에게라야 쓸데 있나니 눅 5:31

우리가 하나님께 나아가는 것은 우리의 삶에서 모든 죄악을 말끔히 제 거했기 때문이 아니며, 우리 마음의 나태함과 속됨을 완벽히 정복했기 때 문도 아닙니다. 오히려 우리가 하나님께 나아가는 것은 그렇게 하지 못했 기 때문이고, 무엇을 행하거나 행하지 못한 죄에 대해 하나님께 변명이나 항변할 수 없기 때문이고, 우리 삶이 그 모든 죄로 인하여 비탄에 빠졌기 때문입니다. 지존자의 은밀한 곳에 나아가는 것은 "원하는" 사람 모두에 게 공짜로 활짝 열린 기회입니다.

원하는 자는 값없이 생명수를 받으라 계 22:17

내게 오는 자는 내가 결코 내쫓지 아니하리라 요 6:37

만일 우리가 우리 죄를 자백하면 그는 미쁘시고 의로우사 우리 죄를 사 하시며 우리를 모든 불의에서 깨끗하게 하실 것이요 요일 1:9

오호라 너희 모든 목마른 자들아 물로 나아오라 돈 없는 자도 오라 너희 는 와서 사 먹되 돈 없이 값없이 와서 포도주와 젖을 사라 사 55:1

이 땅의 가련한 모든 죄인들이 일상의 죄와 부족함을 그대로 지닌 채, 세속적이고 나태하고 반항적이고 미온적인 마음을 그대로 가지고 지존자의 은밀한 곳으로 나아갈 수 있습니다. 그들이 행한 모든 것들이 그들을 고발하고 비난합니다. 그들의 그 무엇도 하나님의 거룩하신 빛을 견딜 수 없습니다. 그래도 그들은 지존자의 은밀한 곳으로 나아갈 수 있습니다.

심지어 그들이 선한 일을 도모한다고 해도 그것이 이루어지기 전에 이기심이나 명예욕으로 얼룩집니다. 그래도 그들은 지존자의 은밀한 곳으로 나아갈 수 있습니다. 또한 그들은 죄를 자각하게 하시는 성령께 순복하기로 결단했기 때문에 자신들의 죄를 은폐하려고 애쓰지 않습니다. 진리의 모든 화살이 그들의 심령 깊은 곳을 관통합니다. 그래도 그들은 유일한 곳에서 평화를 찾을 수 있습니다. 그곳은 바로 '지존자의 은밀한 곳', '예수님의 십자가 아래'입니다. 그리스도의 십자가 보혈만이 그들 양심의 진실하고 권위 있는 목소리를 통하여 지속적으로 공포되는 하나님의 진노로부터 그들을 숨겨줄 수 있습니다. 우리는 그리스도의 십자가에서 진정한 도피처를 찾을 수 있습니다.

그리스도 예수 안에 있는 자에게는 정죄함이 없다

어떤 믿는 영혼이 진리의 영(靈) 앞에서 스스로를 낮추어 "내 속 곧 내 육신에 선한 것이 거하지 아니하는 줄을 아노니"(롬 7:18)라고 자각할 때마다, 자신 안에 선한 무엇이 있을지도 모른다는 모든 생각을 단념할 때마다, 그 영혼은 십자가에 못 박힌 그리스도의 손 아래로 조용히 도망쳐 자신의 모든 죄를 자백합니다. 그러면 구세주께서 죄를 뉘우치는 그 사람의 상한 영혼에 "내 은혜가 네게 족하도다"(고후 12:9)라고 속삭이십니다.

그 영혼은 이제 지존자의 은밀한 곳에 들어가 옛 진리를 새로운 빛으로 바라봅니다.

마음에 간사함이 없고 여호와께 정죄를 당하지 아니하는 자는 복이 있
도다 시 32:2

하나님께서 정죄하지 않으실 때, 그 영혼은 진정한 도피처를 찾게 될 것입니다. 그리고 다음의 구절 역시 새로운 의미를 갖습니다.

경건하지 아니한 자를 의롭다 하시는 이를 롬 4:5

경건하지 아니한 자, 그것이 그 영혼에게 딱 어울리는 이름입니다. 그 영혼은 자신이 '경건하지 아니한 자'라는 것을 어느 때보다 더 명확히 깨닫습니다. 그 영혼은 기독교의 모든 오묘함 가운데 가장 큰 오묘함을 체험합니다. 그것은 바로 자신이 '경건하지 아니한 자'인 동시에 또한 '의롭다 하심을 받은 자'라는 것입니다. 또한 이제 한 가지 약속에 이어, 이전의 약속보다 훨씬 더 귀한 다른 약속이 마치 천국의 사자(使者) 모양으로 그의 마음을 향해 날아듭니다.

그러므로 이제 그리스도 예수 안에 있는 자에게는 결코 정죄함이 없나
니 롬 8:1

이 선언에서 우리는 지존자의 은밀한 곳에 관한 중대한 비밀 한 가지를 발견하게 됩니다. 그것은 바로 "그리스도 예수 안에 있는 자에게는"에 있습니다. 그리스도 안에 있는 한, 우리에게 정죄는 없습니다. 왜냐하면 그리스도 안에 있는 한, 우리의 부정함이 우리에게 돌려지지 않고, 이미 그리스도께 돌려졌기 때문입니다. 죄인은 그리스도 안에서, 그리스도의 대속(代贖) 안에서 모든 죄와 죄책감과 양심의 모든 고발과 고뇌로부터 피할 도피처와 피난처를 발견합니다. 그런 것들은 그리스도 안에 있는 죄인에게 도달하지 못합니다. 죄인의 정직하고 민감한 심령이 아무리 거세게 죄인을 고발하고 냉혹하게 판단한다고 해도, 그리스도 안에 있는 죄인은 복되신 구세주를 바라보며 말합니다.

"주님을 떠나서는 아무것도 가질 수 없습니다!"

그러면 구세주께서 대답하십니다.

내 은혜가 네게 족하도다 고후 12:9

나(예수)는 하나님으로부터 나와서 우리에게 지혜와 의로움과 거룩함과 구원함이 되셨으니 고전 1:30

그 영혼은 복음의 신비로움을 깨닫기 시작합니다. 그 영혼은 자신이 하나님의 사랑을 받고 있다는 사실을 깨닫습니다. 하나님의 사랑을 받을 만한 무엇이 자신 안에 있기 때문이 아니라 하나님이 사랑이시기 때문에 자신을 사랑하신다는 것을 깨닫습니다.

분에 넘치는 엄청난 특권

하나님께서 우리를 사랑하시는 데에 그것 말고 다른 이유는 없습니다. 하나님께서는 지극하신 사랑으로 자신의 아들을 인간의 죗값으로 내어 주셨습니다. 따라서 그 무엇도 하나님께서 죄인을 사랑의 품에 받아들이지 못하게 막을 수 없습니다. 그러나 한 가지 예외가 있습니다. 하나님께서 그렇게 하시도록 죄인이 순종하기를 거부하는 경우입니다.

어린아이는 제 엄마가 자기를 사랑하도록, 입히도록, 먹이도록, 씻기도록, 돌보도록, 포옹하도록 기꺼이 순종합니다. 마찬가지로 죄인 또한 하나님의 자녀로서 전능하신 하나님께서 사랑하시고, 정결하게 하시고, 성결하게 하시고, 먹이시고, 입히시고, 양육하시고, 안으시도록 순종해야 합니다. 이것이야말로 죄인의 분에 넘치는 엄청난 특권이 아니겠습니까?

그리고 자녀를 향한 어머니의 지치지 않는 사랑이 무력한 어린아이를 안팎의 모든 위험으로부터 지켜주는 튼튼한 방책과 피난처와 안식처가 되는 것처럼, 죄인을 향한 하나님의 분에 넘치는 사랑도 나약하고 무기력한 하나님의 자녀가 모든 귀신과 모든 악한 사람과 죄와 어려움이 가득한 세상의 모든 육신적 유혹 가운데서 아무 해(害)를 받지 않고 안전하게 살아가도록 하는 '안전한 피난처'가 됩니다. 기뻐하는 나의 영혼이 체험하고 있는 것이 바로 그것입니다. 나는 모든 문제를 가지고 하나님께 피합니다. 거기에 안전함이 놓여 있기 때문입니다. 믿는 사람은 누구나 모든 문제를 가지고 하나님께 피할 수 있는 특권을 지니고 있습니다.

우리의 문제가 아무리 사소하고 시시하더라도 하나님께서 개입하시어 도우실 것입니다. 우리의 문제가 아무리 크고 어렵게 보여도 하나님께서 개입하시어 지나가게 하실 것입니다. 따라서 과거 죄의 습관이 되살아나 어려움에 빠질 때, 양심적인 그리스도인으로서 날마다 그런 괴로움에 신음할 때, 우리는 새로운 실망과 패배감 이외에 아무 결과도 낳지 못할 선한 결심을 더 이상 의지하지 말아야 할 것이며, 루터가 표현한 그대로 "절망과 다른 죄들" 속으로 떠밀려도 안 될 것입니다.

대신 우리는 암탉의 날개 아래로 몸을 피하는 병아리처럼 하나님께 피해야 할 것입니다. 우리는 겸손하고 부끄러운 마음으로, 자신의 힘으로 무엇을 하려 애쓰지 말고 즉각 하나님께 도망쳐야 할 것입니다. 그리고 하나님께 모든 진실을 자백해야 할 것입니다.

"주님! 또다시 주님께 왔습니다. 지난번과 마찬가지로 이번에도 죄의 문제로 심각한 곤경에 빠지고 말았습니다. 이런 일이 너무 빈번하게 일어나기 때문에 정말 저 자신에 대해 완전히 절망할 지경에 이르고 말았습니다. 주님께서 이제 그만 저를 버리시고 더 이상 도와주지 않는 것이 합당한 것처럼 느껴집니다. 주님께서 사랑으로 돌보셨음에도 저는 주님께 신실하지 못했고 믿을 만한 자녀가 되지 못했습니다."

그러면 우리는 주님이 우리의 피난처라는 사실을 새롭게 체험할 것입니다. 주님으로부터 다음과 같은 대답을 듣게 될 것이기 때문입니다.

여인이 어찌 그 젖 먹는 자식을 잊겠으며 자기 태에서 난 아들을 긍휼히 여기지 않겠느냐 그들은 혹시 잊을지라도 나는 너를 잊지 아니할 것이라 내가 너를 내 손바닥에 새겼고 사 49:15,16

너희의 죄가 주홍 같을지라도 눈과 같이 희어질 것이요 사 1:18

그 아들 예수의 피가 우리를 모든 죄에서 깨끗하게 하실 것이요 요일 1:7

그렇게 자주 죄에 패배하여 하나님을 찾아가면 하나님께서 우리에게 넌더리를 내지 않으실까 걱정되십니까? 그런 걱정은 하지 마시기 바랍니다. 하나님께서 우리 안에서 선한 일을 시작하셨으니 그리스도 예수의 날까지 이루어주실 것입니다(빌 1:6 참조). 하나님께서는 우리와 함께하십니다. 우리가 패배하여 마음 아파할 때마다 함께 아파하십니다. 피곤한 자에게는 능력을 주시며 무능한 자에게는 힘을 더해주십니다(사 40:29 참조).

죄에 패배했을 때 그 사실에 대해 실망하지만 말고 부끄러움을 느끼시기 바랍니다. 그리고 그 부끄러움으로 자신을 몰아쳐 정직한 마음으로 전능하신 하나님께 더욱 가까이 나아가시기 바랍니다. 주님을 의지하면 할수록 당신을 공격하는 강력한 유혹에 대한 방어가 더욱 견고하고 안전해질 것입니다.

번영할 때에 하나님께 피난하라!

나의 피난처 되시는 하나님을 알아가는 법을 배울 때, 우리는 영적인 문제뿐 아니라 한시적인 문제를 가지고 하나님께 더욱 자주 피난할 것입니다.

우리 삶의 쪽배가 역풍이나 역류를 만나 고생하지 않고 인생의 망망대해를 평온하고 순탄하게 항해하는 때가 있습니다. 우리 육신은 건강하고 사업은 번창합니다. 가정의 모든 일들이 순탄하게 풀려나갑니다. 금전적인 문제로 속을 끓이지도 않습니다. 하루하루 모든 것들이 그저 평화롭고 아늑합니다. 가끔 어려움을 만나기도 하지만, 전반적으로 모든 것들이 잘 돌아가는 것처럼 느껴집니다. 그럴 때 많은 그리스도인들은 지존자의 은밀한 곳에 나아가기를 망각합니다.

번영하는 시기는 하나님을 믿는 것을 매우 쉽게 만들어줍니다. 번영하는 사람들은 하나님이 선한 분이라고 생각합니다. 만나는 모든 사람들에게 하나님을 믿는 것에 대해 조언합니다. 그러나 많은 그리스도인이 '번영'이라는 햇빛 쨍쨍하지만 건조한 공기 속에서 영적 생명을 잃어가는 것은 의심의 여지가 없는 사실입니다.

번영의 위기를 잘 견딜 수 있는 사람, 번영의 위기를 당해도 변하지 않을 수 있는 사람은 극소수에 지나지 않습니다. 이 극소수의 사람들은 자신들을 강하게 하시는 그리스도를 통하여 모든 일을 할 수 있는 이들이며, 바울처럼 "비천에 처할 줄도 알고 풍부에 처할 줄도 아는 비결"을 터득한 이들입니다(빌 4:12,13 참조). 그들은 역경을 만났을 때와 마찬가지로 번영의 날에도 주님 안에서 피난처를 찾습니다. 그들은 번영하게 하신 하나님께 감사하는 것을 절대 잊지 않습니다. 뿐만 아니라 그들은 범사에 예수 그리스도의 이름으로 하나님께 감사를 드립니다(엡 5:20 참조). 그들은 번영할 때에도 자신들의 연약함을 깊이 의식하며, 하나님께 피난합니다. 그렇게 그들은 세상을 압도하고 세상의 번영을 정복합니다.

아버지의 뜻을 따라 고난을 감내하는 평화

하지만 또한 인생의 망망대해의 역풍과 폭풍이 맹위를 떨치며 우리 삶의 쪽배를 요동시킬 때도 있습니다. 우리의 모든 계획은 수포로 돌아가고 모든 희망은 산산이 부서져 난파됩니다. 질병과 슬픔과 세상을 먼저 떠난 식구의 텅 빈 자리가 우리 가정에서도 발견되고, 악화된 건강이 일을 부담으로 만들어 우리를 빚잔치 속에 휑하니 던져버립니다. 한 가지 어려움이 지나가기도 전에 더 큰 어려움이 밀어닥쳐 그 파괴자들의 틈에서 숨을 고를 여유조차 없습니다.

그럴 때 지존자의 은밀한 곳으로 향하는 길을 아는 것보다 더 좋은 것은 없습니다. 하나님께 피난하는 법을 아는 사람, 폭풍과 태풍을 피해 안전한 항구를 발견하는 법을 아는 사람, 하나님의 날개 아래로 피난하는 사람은 복이 있습니다. 2천5백 년 전에 시편 기자는 다음과 같이 노래했습니다.

하나님은 우리의 피난처시요 힘이시니 환난 중에 만날 큰 도움이시라

시 46:1

환난 중에 주님께 피하면 언제나 큰 도움을 얻을 수 있습니다. 병들고 지쳐 거의 죽게 된 영혼이 사랑의 주님 날개 아래로 파고들어 그 모든 고통을 토해내거나 형언할 수 없는 고뇌를 아무 말 없이 그저 감내할 때, 그 영혼은 주님이 제자들에게 약속하신 것을 체험하게 됩니다.

나의 평안을 너희에게 주노라 내가 너희에게 주는 것은 세상이 주는 것
과 같지 아니하니라 요 14:27

세상이 주는 평안은 번영이 지속되는 동안에만 계속됩니다. 그것은 장래 역경에 대해 생각만 해도 희미하게 사라집니다. 그러나 예수님께서는 역경이나 고통이나 죽음에 의해 흔들리지 않는 평안을 소유하고 계십니다. 또한 예수님은 그런 평화를 우리에게 주시겠다고 약속하십니다. 칠흑같이 컴컴한 역경의 밤에도 요동하지 않는 그런 평화, 설명할 수 없을 만큼 강력하게 임하기 때문에 고통을 제거해달라고 구할 필요조차 느끼지 못하게 하는 그런 평화를 주시겠다고 약속하십니다.

그런데 이 평화는 우리의 노력을 필요로 합니다. 그것은 사실입니다. 우리는 모두 고난이나 고통이나 슬픔을 만났을 때 잔뜩 움츠러듭니다. 그리고 그런 어려움들을 제거해달라고 하나님께 계속 구합니다. 그러나 우리가 어찌할 수 없는 무력감 속에서 마침내 피곤함에 지치고, 반항적이고, 고난이라면 어떤 것이든 끔찍이도 싫어하는 우리 마음을 구세주의 가슴에 얹을 때, 실제로 엄청난 이적이 일어납니다. 구세주께서 자신의 평화를 우리에게 주시는 것입니다.

그 평화는 역경에 의해 훼방당하지 않는 평화, "아버지께서 주신 잔을 내가 마시지 아니하겠느냐"(요 18:11)라는 예수님 말씀을 우리 삶에서 그대로 나타내는 평화, 아버지의 뜻대로 고난을 감내하는 평화입니다. 그전까지 우리는 지존자의 그늘에 앉는 것이 의미하는 바를 온전히 체험하지 못합니다. 고대의 시편 기자가 말한 것이 진리임을 체험하지 못합니다.

여호와께서 환난 날에 나를 그의 초막 속에 비밀히 지키시고 그의 장막
은밀한 곳에 나를 숨기시며 높은 바위 위에 두시리로다 시 27:5

높은 바위 위에 서게 될 때

우리는 마침내 발을 디딜 견고한 토대를 발견하게 됩니다. 우리의 평화
와 기쁨은 더 이상 많은 외적인 것들에 의해 좌우되지 않습니다. 우리는
하나님 안에서 쉼을 발견합니다. 그리고 번영의 날이든 고통의 날이든 우
리의 온전한 쉼을 십자가에 못 박힌 구세주의 손에 맡깁니다.

"높은 바위 위에"서 우리는 놀랄 만한 새로운 시야를 얻습니다. 우리
자신의 삶과 세상이 밝은 빛 안에서 전혀 다르게 보이기 시작합니다. 특
별히 우리 과거의 삶이 뚜렷하게 두드러져 보입니다. 과거에는 대수롭지
않게 생각했던 것들이나 중요하게 생각했지만 이해하지 못했던 것들이
영원의 밝고도 밝은 빛 안에서 명백하게 보이기 시작합니다. 그리고 그것
들이 신령하고 귀하게 다가옵니다.

우리의 현재 삶도 마찬가지입니다. 영원의 밝은 빛으로 우리의 현재 삶
을 바라볼 때, 다른 사람들 눈에는 그저 겹겹이 쌓인 실패와 불행의 혼란
스러운 응결처럼 보이고, 또 얼마 전까지 우리의 눈에도 그렇게 보였던
삶 속에서 보이지 않는 손이 모든 것을 이끌고 있음을 깨닫게 됩니다. 우
리는 하나님께서 내미시는 포근한 손을 느낄 수 있으며, 확신 가득한 어
조로 조용히 노래할 수 있습니다.

때때로 괴롬당하면 때때로 기쁨 누리네

풍파 중에 지키시고 평안히 인도하시네

주 날 항상 돌보시고 날 친히 거느리시네

주 날 항상 돌보시고 날 친히 거느리시네

새찬송가 390장, 〈예수가 거느리시니〉

환난을 통해 하나님께 피난하는 법을 배워라

물론 고난과 슬픔에 짓눌린 영혼들이 연거푸 덮치는 역경의 소용돌이에 거의 죽을 만큼 지치는 경우가 종종 발생합니다. 그럴 때 그들의 아픈 영혼은 소리칩니다.

"아! 이 모든 슬픔과 고난과 환난이 일어나는 이유가 도대체 무엇일까?"

그에 대한 하나님의 대답은 "하나님께 피난하는 법을 가르치기 위함이다!"라는 것입니다. 하나님께 피난하는 것은 기교입니다. 그리고 어떤 기교이든 숙달의 경지에 이르려면 부단한 연습과 훈련이 필요합니다. 하나님께 피난하는 것은 우리가 반드시 숙달해야 할 인생의 가장 고귀한 기교입니다. 그리고 그것은 절대로 쉽지 않습니다.

그러나 하나님께서는 고난과 환난을 보내주시어 우리를 도우십니다. 환난이 우리로 하여금 세상의 길에 환멸을 느끼게 하고, 이를 통해 훨씬 수월하게 생명의 길을 선택하게 하기 때문입니다. 우리 대부분은 세상의 나쁜 면을 직접 겪고, 날카롭게 돌출된 그 날에 손을 베이고 나서야 비로소 세상이 어떤 곳인지 배우게 됩니다. 그전까지는 교만한 말과 오만한 행실을 그만두는 법을 배우지 못합니다. 우리의 모든 깃털이 뽑히고, 그것들을 붙잡고 있는 살가죽마저 벗겨져 나가야 비로소 무력한 가운데 지존자의 은밀한 곳에서 피난처를 구합니다.

그때 우리는 남은 삶을 위해 결단합니다. 그리고 그때 체험하는 실제적이고 깊고 풍성한 은혜를 통하여, 고통이 끝난 뒤에도 우리에게 무엇인가를 의미하는 주님과의 친밀한 인격적 사귐에 들어갑니다. 그렇게 우리는 주님의 날개 아래로 피난하는 비밀과 기교를 배웁니다. 우리는 이것이 인생의 모든 문제를 해결하는 단순한 해결책이라는 것을 깨닫기 시작합니다.

우리가 인생의 어려움을 지존자의 은밀한 곳에 가져갔다면, 그것에 대해 아직 이해하지 못하는 부분들이 있더라도 이미 그것을 정복한 것입니다. 우리는 이것이 세상을 이기는 승리라는 사실을 깨닫기 시작합니다.

세상의 영적 대기는 얼음처럼 차갑습니다. 따라서 새로 태어난 모든 심령들이 지존자의 은밀한 곳으로 부단히 피난하는 법을 배우지 못하고 또 병아리가 암탉의 날개 아래로 들어가 몸을 덥히는 것처럼 거기에서 예수님의 마음으로 자신을 덥히는 법을 배우지 못하면, 세상의 혹한의 대기에 의해 금세 냉각되고 맙니다.

우리는 부단히 하나님의 날개 아래로 피난해야 합니다. 그렇지 않으면 모든 것에 죄가 스며들어 있는 이 세상에서 하나님 안에서 생활하는 것이 전적으로 불가능하게 됩니다. 이 은밀한 곳으로 피난하는 법을 배운 사람은 인생의 모든 인간관계에 대해 적절한 방향을 정립하고 올바른 태도를 보이게 됩니다.

날마다 하나님을 '체험하는 것'은 인생의 모든 인간관계에서 무엇을 할 것인지를 명확히 정하고, 그 관계를 합당하게 꾸려나가는 데에 필요한 모든 것입니다. 여기에서 나는 하나님을 '체험하는 것'이라 말했습니다. 하나님에 대해 생각하거나 하나님을 갈망하거나 하나님에 관해 이야기하는 것이 아니라 하나님을 체험하는 것이라 말했습니다.

우리의 신앙이 본질적으로 하나님에 대해 생각하는 것, 하나님을 갈망하는 것, 하나님에 관해 이야기하는 것으로 구성되어 있다면, 지금 즉시 그 모든 것을 가지고 지존자의 은밀한 곳으로 피난하시기 바랍니다. 그 모든 것을 그분 앞에 내려놓으시기 바랍니다. 그리고 예수 그리스도께서 흘리신 보혈을 보시고 우리의 신실하지 못함을 다시 한 번 용서해달라고 하나님께 구하시기 바랍니다. 그리스도의 마음을 품게 해달라고 구하시기 바랍니다.

십자가 그늘에서 나 길이 살겠네
나 사모하는 광채는 주 얼굴뿐이라
이 세상 나를 버려도 나 두려움 없네
내 한량없는 영광은 십자가뿐이라
새찬송가 415장, 〈십자가 그늘 아래〉

하나님께서 듣기 원하시는 말
지존자의 은밀한 곳에 거하는 사람은 다음과 같이 말할 것입니다.

나는 여호와를 향하여 말하기를 그는 나의 피난처요 나의 요새요 내가 여기서 시편 기자는 '여호와를 향하여' 그렇게 말하는 것이 당시의 통상적인 일이었음을 상기시켜줍니다. 이 점을 특별히 눈여겨볼 필요가 있습니다. 왜냐하면 오늘날 그리스도인들 가운데 하나님을 향하여 그렇게 말하는 이들이 그리 많지 않다고 생각되기 때문입니다.

우리는 기도합니다. 정말 자주 기도합니다. 다른 사람들과 우리 자신을 위해 좋은 것들을 많이 구해야 합니다. 이 모든 것은 합당하고 좋은 것입니다. 그러나 우리는 하나님과 대화하는 그 시간에 시편 기자가 하나님을 향해 말했던 그런 말들도 포함시켜야 합니다. 우리는 하나님을 향해 "하나님은 나의 피난처요 요새입니다!"라고 말해야 합니다.

물론 자신에게 자연스럽게 느껴지는 대로, 자신만의 방법으로, 자신만의 말로 할 수도 있을 것입니다. 그럴지라도 시편 기자가 말한 대로 말하는 것은 필요합니다. 다시 말해, 은밀한 골방에서든지 일상의 과업을 수행하는 동안이든지 하나님과 단둘이 있을 때 하나님께 아뢰는 말들 속에 이 말을 꼭 포함시켜야 합니다. 그렇게 말하는 것은 우리에게 매우 중요합니다.

또한 그것은 하나님께도 중요합니다. 왜냐하면 우리가 하나님을 향해 "하나님은 나의 피난처요 요새입니다!"라고 말하기를 하나님께서 바라시기 때문입니다. 하나님께서는 우리가 자신에게 하나님이 어떤 분이신지를 말해주기 바라십니다. 하나님께서는 우리가 하나님께 감사하고 하나님을 찬양하기 바라십니다.

그러나 우리는 그런 하나님의 바람을 너무 쉽게 간과하고 망각합니다. 우리는 하나님은 너무 크고 높으신 분이라 마음도 느낌도 없으신 분이라고 생각합니다. 그래서 우리가 감사를 하거나 하지 않는 것이 하나님께 아무 의미도 없을 것이라 생각합니다. 하지만 그것은 완벽한 착각입니다. 하나님은 우리가 '크다'고 여기는 모든 이들 가운데 가장 따스한 마음을 가지고 계십니다. 하나님보다 더 섬세하고 예민한 감정을 가지고 있는 이는 아무도 없습니다. 또한 우리는 세상 누구를 기쁘게 하는 것보다 훨씬 더 쉽게 하나님을 기쁘시게 해드릴 수 있습니다.

문둥병 환자가 치유 받은 뒤에 다시 돌아와 예수님께 감사를 드렸을 때, 예수님이 맛보셨던 기쁨에 대해 생각해보시기 바랍니다. 누가복음 17장 11-19절의 이야기를 다시 한 번 읽어보시기 바랍니다. 그러면 사마리아 사람이 단지 다시 돌아와 예수님 발 앞에 엎드려 감사함으로써 예수님을 얼마나 기쁘시게 해드렸는지 확인할 수 있을 것입니다. 예수님께서 그의 그런 단순한 행동에 크게 기뻐하셨던 이유가 무엇일까요? 우리는 그 해답을 18절에서 아주 쉽게 찾을 수 있습니다.

이 이방인 외에는 하나님께 영광을 돌리러 돌아온 자가 없느냐 눅 17:18

예수님에게는 하나님께 감사를 드리는 것이 곧 '하나님께 영광을 돌리는 것'을 의미합니다. 우리가 돌아와 하나님께 감사드릴 때, 하나님께서는 그것을 매우 중요한 의미로 받아들이십니다. 따라서 지존자의 은밀한 곳에 거하는 우리가 하나님을 향해 "하나님은 나의 피난처요 요새입니다!"라고 말할 때, 하나님께서는 그것을 매우 중요한 의미로 받아들이십니다.

그것은 또한 우리에게도 매우 중요한 의미를 지닙니다. 대체적으로 우리의 기도가 지나치게 많은 '간청'을 포함하고 있기 때문입니다. 이는 우리가 지나치게 많은 것을 구한다는 뜻도 아니고, 하나님께서 그런 우리를 지긋지긋하게 여기신다는 뜻도 아닙니다. 오히려 예수님께서는 수많은 비유를 통해 우리가 담대하게 기도해야 한다는 사실을 가르치려 하셨습니다(눅 11:5-8 ; 18:1-8 참조).

우리의 잘못된 부분은 바로 하나님께 좀처럼 감사를 드리지 않는다는 사실입니다. 우리의 기도는 간청으로 꽉 들어차 감사와 찬양이 들어갈 자리가 없습니다. 우리 마음에 하나님께 감사를 드리고 하나님을 찬양하려는 바람이 없기 때문이 아니고 무엇이겠습니까.

이것은 하나님을 근심스럽게 하고 우리의 기도생활을 위태롭게 합니다. 그리고 사실 그리스도인으로서의 삶 자체를 뒤흔들어 놓습니다. 기도할 때에 감사하십시오. 기도할 때에 찬양하십시오. 기도할 때 이미 응답받았음을 알고 하나님께 감사하는 것보다 더한 용기와 확신을 주는 것은 아무것도 없습니다. 그럴 때 우리는 용기를 얻을 뿐 아니라 더 많이 기도하고자 하는 새로운 의욕도 얻을 것입니다. 그리고 무엇보다 응답 받는 기도의 조건인 어린아이 같은 믿음 안에서 영적으로 성장하게 됩니다.

나는 여호와를 향하여 말하기를 그는 나의 피난처요 나의 요새요 내가 의뢰하는 하나님이라 하리니 시 91:2

이것은 감사 그 이상의 무엇입니다. 이것은 찬양입니다. 왜냐하면 하나님께서 우리에게 어떤 분이시고 또 우리를 위해 어떤 일을 하시는지 표현하는 것이 바로 하나님을 찬양하는 것이기 때문입니다. 우리는 하나님을 찬양하는 법을 배워야 합니다. 이 시대의 그리스도인들은 하나님을 찬양하는 방법을 거의 망각한 것 같습니다.

하나님을 무서워하는 사람들

대부분의 사람들은 하나님께 피하는 대신 하나님을 피합니다. 정말 이상하게도, 그들은 하나님을 누구보다 더 무서워합니다. 따라서 그들은 하나님께로부터 멀리 떨어지기를 바라고 또 하나님과 관계된 모든 것으로부터 멀어지려고 합니다.

혹이라도 그들에게 그런 태도를 취하는 원인이 하나님을 무서워하기 때문이라고 말하면, 그들은 의심의 여지없이 강력하게 반발합니다. 그들은 그 사실을 시인하는 대신 하나님으로부터 멀리 떨어질 수밖에 없는 이유들을 장황하게 늘어놓습니다.

그러나 그런 사람들이 영적으로 각성하여 자신의 마음을 살피게 될 때, 자신들이 하나님께로부터 멀리 떨어지려 했던 가장 큰 이유가 무서움이었다는 사실을 깨닫고 이를 시인하는 것을 우리는 종종 목격합니다. 그들의 무서움은 하나님의 형벌에 대한 것이라기보나 기독교 신앙이 그들의 행복한 삶을 훼손하거나 완전히 파괴할지도 모른다는 두려움입니다. 대부분의 사람들이 신앙의 삶으로 들어오기를 계속 미루다가, 마침내 늙고 병들어 어디에서도 더 이상 인생의 행복을 기대할 수 없는 처지가 되었을 때 비로소 믿음에 대해 생각하는 것이 그런 까닭입니다.

물론 기독교 신앙을 두려워하지 않는 사람들도 있습니다. 이들은 다분히 신앙적입니다. 하나님을 찾고, 예배당에 나가고, 적어도 가끔은 집에서 경건의 시간도 갖습니다.

그러나 이들 가운데 상당수 역시 하나님을 무서워합니다. 이들은 회개와 거듭남에 관한 성경의 권위 있는 메시지를 듣게 될 때마다 그런 사실을 뚜렷하게 노출합니다. 그런 촉구에 직면할 때마다 자기보호의 강렬한 충동에 이끌려 즉각 방어 태세를 갖추기 때문입니다. 이들은 회개나 거듭남 같은 것들이 매우 위험한 것이라는 본능적인 두려움을 지니고 있습니다. 이들과 하나님 사이의 모든 것들이 완벽하게 합당하고 적절한 자리를 잡고 있다고 말할 수 있을까요? 이들이 하나님도 만족시키고 자신도 만족할 수 있는 협정을 하나님과 맺었다고 말할 수 있을까요? 다시 말해, 이들이 기독교 신앙이라는 것을 오히려 하나님을 멀리하는 수단으로 이용하고 있는 것은 아닐까요?

이들은 하나님을 무척 무서워합니다. 그리고 반드시 회개해야 한다는 말씀을 들을 때마다 그런 사실을 금세 명백하게 노출합니다. 그런 말씀을 듣는 순간, 이들에게는 하나님이 모든 위험 중에서도 가장 무서운 위험이 됩니다. 왜냐하면 이들에게는 회개에 대한 촉구가 이들 삶에 있는 것, 결코 잃고 싶지 않은 것, 신앙생활을 통해 안전하게 확보했다고 생각하는 것, 이를테면 자기 스스로 모든 것을 결정하는 삶을 사는 특권에 대한 가차 없는 공격과 다름없기 때문입니다. 그들은 할 수 있는 만큼 약간의 신앙심을 하나님께 바칩니다. 그러나 하나님께서 회개하고 그들의 자아 결정적인 삶을 하나님께 내놓으라고 요구하시면, 그 순간부터 하나님을 자신들의 가장 위험한 원수로 간주하기 시작합니다.

이런 유형의 신앙심을 가진 사람들이 회개와 거듭남에 대한 복음적이고도 적극적인 선포에 반감을 가지고 비방하는 것이 그런 이유이며, 신앙심을 보이면서 멀쩡하게 교회생활을 하다가도 그런 종류의 말씀을 들을 때마다 교회를 멀리하는 이유이기도 합니다.

그런 것이 인간의 마음입니다. 사도 바울은 벌써 2천 년 전에 그것에 대해 "육신의 생각은 하나님과 원수가 되나니 이는 하나님의 법에 굴복하지 아니할 뿐 아니라 할 수도 없음이라"(롬 8:7)라고 지적했습니다. 그러나 사람들은 이 말씀을 믿으려고 하지 않습니다. 그리고 이 때문에 자신의 삶을 하나님께 내놓지 못하는 이유에 대해 설명할 때마다 얼토당토않은 핑계를 둘러대기 바쁩니다.

우리가 탓해야 할 대상이 있다면, 그것은 바로 우리 자신입니다. 하나님을 피해 숨어버렸던 마음이 이런 내 말에 조금 움직이고 있다면, 그리고 하나님의 집요하고도 일관된 부르심으로부터 자신을 지키려 애쓰던 마음이 나의 설명에 의해 조금 흔들리고 있다면, 하나님 말씀 한 구절로 인사를 전하고 싶습니다. 이것은 고대의 선지자가 하나님께 받아 반항하는 하나님의 백성들에게 전달한 권위의 메시지입니다.

이스라엘아 네가 패망했나니 이는 너를 도와주는 나를 대적함이니라

호 13:9

조용히 앉아 잠깐만 생각해보면, 이 예언의 말씀이 우리 삶에 어떤 빛을 비추어주는지 어렵지 않게 깨달을 수 있을 것입니다. 지금까지 우리 삶을 컴컴하고 음울하게 만들었던 일련의 불행들, 우리 자신을 탓해야 했던 불행들과 우리 자신에게는 잘못이 없다고 생각했던 불행들을 되짚어보시기 바랍니다. 그것들 가운데는 이미 머나먼 과거의 뒷길로 물러나 더이상 이전처럼 우리를 압박하지 않는 것들도 있을 것이고, 흉하게 벌어진 상처 모양으로 아직 치유되지 않은 것들도 있을 것입니다.

내 친구여! 여기서 이 말을 잘 들어보시기 바랍니다. 하나님께서는 그런 우리 삶과 불행에 대해 얼마만큼 생각하실까요? 하나님께서는 그 모든 것들을 보십니다. 우리보다 더 명확하게 보고 계십니다. 그러나 하나님께서는 우리가 겪었고 또 지금 겪고 있는 모든 불행을 다음 한 가지 큰 불행으로 요약하십니다.

"이는 너를 도와주는 나를 대적했기 때문이다!"

우리의 방향을 바꿔라

우리는 때로 마음 어딘가에서 세미한 음성이 말하는 것을 듣습니다.

"그래 맞아! 내 인생의 비극은 언제나 하나님을 대적했다는 것이야!"

이 세미한 음성이 언제나 우리에게 말할 수 있는 것은 아닙니다. 대체로 우리가 들으려 하지 않기 때문입니다. 우리는 그 음성을 잠재우려면 어떻게 해야 하는지 잘 알고 있습니다. 그리고 그런 수단들을 대체로 잘 이용했습니다.

그러나 그런 방법들이 잘 먹히지 않는 때도 있었습니다. 그럴 때 우리는 그 세미한 음성을 듣지 않을 수 없었고 순간 심각해졌습니다. 그 음성을 통해 우리에게 말씀하는 이가 바로 하나님이시기 때문입니다. 하나님께서는 무엇이든지 심각하게 권위로 말씀하시지만, 또한 놀라운 사랑의 어조로 말씀하십니다. 그때에 부드럽고 온유한 무엇이 우리 가슴을 파고들어 우리 삶에 많은 고결한 갈망과 신령한 소망을 낳았습니다. 그리고 숱한 결단을 낳았습니다. 순간 우리는 '거의' 그리스도인이 되었었습니다.

우리는 거기에서 멈추었을 뿐 그 이상의 것은 아무것도 맺지 못했습니다. 우리의 뜨거웠던 감격과 갈망은 곧 수면 아래로 가라앉았고, 우리는 어느 때보다 더 하나님을 두려워하게 되었으며, 어느 때보다 더 멀리 하나님으로부터 도망쳤습니다. 우리는 하나님께 반대하는 자였으므로 하나님으로부터 도망쳐야 했습니다.

나와 함께 아니하는 자는 나를 반대하는 자요 마 12:30

이후 우리는 줄곧 하나님으로부터 도망쳐왔습니다. 그러나 우리 삶의 불행으로부터는 결코 도망치지 못했습니다. 우리의 계속된 도망은 오히려 우리 삶에 불행을 더할 뿐 아무 유익을 주지 못했습니다. 내 친구여! 이제 방향을 바꾸어 하나님께 피난하시기 바랍니다. 지금 즉시 하나님께 피난하시기 바랍니다.

하나님 앞에 나아가 우리 삶의 지독한 불행에 대해 모두 아뢰시기 바랍니다. 우리의 모든 죄, 하나님을 거역했던 과거의 모든 과실을 가지고 그분의 날개 아래로 피하시기 바랍니다. 그러면 거기에서 우리에게 정말로 필요한 것, 우리의 피곤한 영혼을 위한 쉼을 얻을 것입니다.

나의 영혼 피할 데 예수밖에 없으니

혼자 있게 마시고 위로하여주소서

구주 의지하옵고 도와주심 비오니

할 수 없는 죄인을 주여 보호하소서

새찬송가 388장, 〈비바람이 칠 때와〉

CHAPTER 05

안전한 피난처로

—

환난 날에 지존자의 은밀한 곳에서 평안을 누릴 수 있다

여호와께서 환난 날에 나를 그의 초막 속에 비밀히 지키시고
그의 장막 은밀한 곳에 나를 숨기시며 높은 바위 위에 두시리로다 시 27:5

우리는 서로 상처를 주게 된다

이 세상에서 그리스도인으로 살아가는 것은 그리 쉬운 일이 아닙니다. 성경과 우리의 삶을 통해 알 수 있듯이 세상에는 악한 사람들이 많기 때문입니다. 악한 사람들은 서로를 악한 마음으로 대합니다. 그 결과 세상은 한 사람이 다른 한 사람에게 끼치는 고통으로 가득합니다. 부부, 형제자매, 친구, 이웃, 낯선 사람이 서로에게 고통을 줍니다. 우리가 누구에게도 해(害)를 당하지 않고 세상을 살아갈 수 있을까요? 그건 불가능한 일입니다.

우리가 그리스도인으로서 이런 사실을 기꺼이 감수한다면, 사람들의 오해와 질투와 신랄한 언사와 무례한 행동과 비방과 반대와 핍박을 인내하는 것이 한층 쉬워질 것입니다. 심지어 우리는 경건한 그리스도인들에게도 이런 괴로움을 당할 수 있습니다. 모든 그리스도인에게는 어느 정도

의 사악함이 존재하기 때문입니다. 이런 사악함은 우리 삶의 경계가 허술한 지점에서 나타나거나 의외의 지점에서 튀어나오기도 하고 다른 사람과의 관계에서 노출되기도 합니다.

그리스도인 역시 서로에게 생각과 말과 행동으로 비열하고 천한 인간이 될 수 있습니다. 그리스도인에게 고약한 대우를 받는 것보다 우리 마음을 더 아프게 하는 것은 없다는 사실을 기억하시기 바랍니다. 우리가 행한 일을 다른 그리스도인들이 오해해 그들이 우리를 비난할 때, 우리 영혼에는 깊은 상처가 남게 되고, 그것은 곧 쓰라리고 비통한 생각을 낳습니다. 이를 견디는 것보다 더 어렵고 힘든 일은 없습니다.

하나님은 우리를 이해하신다

다윗이 이스라엘 백성의 인구를 계수함으로써 하나님께 죄를 범했을 때, 하나님께서는 다윗에게 그의 땅에 칠년 동안 기근이 있기를 원하는지, 자신의 목숨을 노리는 원수들을 피해 석 달 동안 도망 다니는 징벌을 원하는지, 아니면 그의 나라에 사흘 동안 전염병이 퍼지는 징벌을 원하는지 선택하게 하셨습니다. 이에 대하여 경험 많은 노년의 왕은 이렇게 대답했습니다.

내가 고통 중에 있도다 청하건대 여호와께서는 긍휼이 크시니 우리가 여호와의 손에 빠지고 내가 사람의 손에 빠지지 아니하기를 원하노라

삼하 24:14

사람의 손에 빠질 때, 우리가 감당해야 할 몫은 정말로 가혹합니다. 그 때만큼 우리를 무력하게 하는 순간은 없습니다. 인생을 살다보면 때때로 견디기 어려운 슬픔과 환난을 만납니다. 그때 다른 사람들이 우리를 이해 해주고 우리의 처지를 공감해주면, 그 모든 것을 능히 견딜 만한 힘이 솟 습니다. 그러나 다른 사람들이 우리를 이해해주지도 않고 우리의 처지를 공감해주지도 않으면, 공기가 없는 곳에 홀로 던져진 것처럼 숨이 막히는 느낌에 짓눌리게 됩니다.

욥은 믿었던 친구들에게 그런 대접을 받는 최악의 상황을 경험했습니 다. 그때가 바로 욥의 고뇌의 잔이 흘러넘친 때였고, 그가 하나님과 사람 모두를 향해 불평한 때였습니다.

우리가 사람의 손에 빠질 때, 우리는 사람들에게 돌아서서 살아 계신 하나님께 시선을 향해야 합니다. 우리는 사람을 의지하는 것이 결국 무엇 을 의미하는지 깨달아야 합니다.

이런 비바람이 몰아칠 때, 지존자의 은밀한 곳으로 피난하는 자, 모든 사람이 자신을 오해할지라도 오직 하나님께서는 이해하신다고 믿는 자 는 복이 있습니다. 하나님 앞에 나아가 자신의 가장 깊고 은밀한 동기를 솔직히 털어놓는 자는 복이 있습니다. 하나님께서 그 모든 것을 낱낱이 살피시도록 정직하게 내놓는 자는 복이 있습니다. 하나님을 향한 사랑과 이웃을 섬기는 마음으로 행한 모든 일에 대한 하나님의 칭찬을 기쁘게 여 길 뿐 아니라 자신이 행한 모든 부정하고 이기적인 일들에 대한 하나님의 불만을 겸손히 받아들이는 자는 복이 있습니다.

그렇게 할 때에 우리의 위치가 정말로 강하고 확고해져서 주변 사람들의 오해와 반대를 능히 견디고도 남음이 있게 될 것입니다. 시편 기자는 다음과 같이 말합니다.

> 여호와께서 환난 날에 나를 그의 초막 속에 비밀히 지키시고 그의 장막 은밀한 곳에 나를 숨기시며 높은 바위 위에 두시리로다 시 27:5

환난 날에 하나님께서 주시는 평안

하나님께서 환난 날에 우리를 그분의 장막 은밀한 곳에 숨기신다는 이 사실이 얼마나 복된 일인지 모릅니다.

하나님은 우리를 "높은 바위 위에"(시 27:5) 두신다고 말씀하십시다. 이 바위 위에 올라갈 때, 우리는 놀라운 시야를 갖게 됩니다. 온화한 빛줄기 하나가 많은 사람들 가운데서 우리 주변 사람들을 비춥니다. 우리는 그때부터 그들을 하나님의 사랑의 빛으로 보기 시작하고, 그 빛 가운데서 그들을 이해하기 시작합니다.

또한 거기에서 한 걸음 더 나아가 그 빛 가운데서 우리 자신을 보기 시작합니다. 우리는 오해와 비방이 바로 우리가 주변 사람들을 종종 대해온 방식이었다는 사실을 상기하게 됩니다. 우리가 그들에게 부당한 짓을 저질렀다는 것을 그때야 비로소 깨닫습니다.

또한 이 바위 위에 있을 때, 우리는 고결한 기쁨을 체험합니다. 우리가 '정말로' 주변 사람들이 생각하는 것보다 더 좋은 것들을 가지고 있는 사람이라는 사실을 깨닫기 때문입니다. 그 바위에 오르기 전에는 그 반대의 경우가 보통입니다. 사람들이 우리를 지나치게 높이 평가했기 때문입니다. 그때 자신에 대해 누구보다 잘 파악하고 있는 우리는, 그들이 우리가 실제보다 훨씬 더 고결한 동기를 가지고 있다고 생각한다는 것을 알고 내심 괴로워했습니다.

그러나 우리가 '정말로' 다른 사람들이 생각하는 것보다 더 좋은 것을 더 많이 소유하고 있음을 알게 될 때, 그것이 우리를 얼마나 자유롭게 하겠습니까? 하나님께서 환난 날에 우리를 하나님의 장막 은밀한 곳에 숨겨 주실 때, 우리가 체험하는 것들이 바로 그런 것들입니다.

높은 바위 위에 있을 때 우리는 넓은 시야를 갖게 됩니다. 이 유리한 장소에서 볼 수 있는 것들에 대하여는 이미 언급했지만, 한 가지만 더 덧붙이겠습니다.

다윗이 신하들과 한 곳에 이르렀을 때에 시므이가 앞으로 나와 계속 다윗을 저주했습니다. 이에 신하 한 사람이 시므이를 죽이고자 했습니다. 그러자 다윗은 시므이가 자기를 저주한 것은 하나님께서 그렇게 하라고 명하셨기 때문이므로 그냥 내버려두라고 말했습니다.

> 스루야의 아들 아비새가 왕께 여짜오되 이 죽은 개가 어찌 내 주 왕을 저주하리이까 청하건대 내가 건너가서 그의 머리를 베게 하소서 하니 왕이 이르되 스루야의 아들들아 내가 너희와 무슨 상관이 있느냐 그가 저주하는 것은 여호와께서 그에게 다윗을 저주하라 하심이니 네가 어찌 그리하였느냐 할 자가 누구겠느냐 하고 삼하 16:9,10

이처럼 높은 바위 위에 있을 때 우리는 다윗이 자기 인생 최악의 굴욕의 순간에 보았던 것을 보게 됩니다. 우리는 경솔한 사람들의 가혹한 판단 이면에서 하나님의 보이지 않는 손을 볼 수 있게 됩니다. 그리고 지존자의 은밀한 곳이 두려움에 떠는 영혼에게 주는 설명하기 어려운 안도감을 체험하게 됩니다.

CHAPTER 06

하나님의 뜻대로

—

매일 하나님이 원하시는 삶으로 그분의 영광을 드러내야 한다

이같이 너희 빛이 사람 앞에 비치게 하여 그들로 너희 착한 행실을 보고
하늘에 계신 너희 아버지께 영광을 돌리게 하라 마 5:16

일상의 삶과 신앙을 분리하려는 모습

이제부터 다루려는 내용은 매우 어렵습니다. 쓰거나 이해하기에 어렵다는 뜻이 아니라 삶에서 실천하기가 어렵다는 의미입니다. 어떤 종교든 '세상에서의 삶'에 적절한 위치를 부여하는 것이 가장 어려운 부분으로 작용해왔습니다. 일반적으로 인간의 삶은 두 부분으로 나뉩니다. 하나는 '종교적 부분'이고, 다른 하나는 '세속적 부분'입니다.

종교적 부분은 신(神)에 관계된 모든 것들, 이를테면 다양한 형태의 예배, 제사, 세정의식, 기도, 금식 등을 포괄하는 것으로 인식되어 왔습니다.

세속적 부분은 우리 삶의 나머지 부분들이 구성합니다. 인류가 신봉해온 여러 '신'들은 이 세속적 부분에 대해 정말 관심이 없었습니다. 그 신들은 자기들이 마땅히 받아야 할 제사와 예배를 정확히 받는 한 그것에 만족했고, 인간의 일상에는 전혀 관심이 없었습니다. 가족과 나라가 모두

그런 분위기 속에서 돌아갔습니다.

이처럼 일상생활의 자리를 종교 바깥쪽에 배당하는 경향을 가진 것은 이방 종교뿐이 아닙니다. 고대 이스라엘에서도 그와 비슷한 것을 발견할 수 있기 때문입니다. 이스라엘 선지자들은 여러 이유로 백성들을 꾸짖었습니다. 그러나 하나님께 드리는 예배는 엄정히 준수하면서 노골적인 악행 속에서 일상의 삶을 사는 것보다 더 통렬하게 질책한 것은 아무것도 없었습니다.

성회와 아울러 악을 행하는 것을 내가 견디지 못하겠노라 사 1:13

예수님도 동일한 이유로 바리새인들을 질책했습니다. 그들은 종교적인 것들에 열심을 냈고 주도면밀했습니다. 그들은 자신들의 집 정원 한쪽에서 키우는 박하와 회향과 근채처럼 전혀 중요하지 않은 것들에 대해서도 십일조를 바쳤고, 오랜 시간 기도했고, 단 한 명의 개종자를 얻기 위해 땅과 바다를 일주했고, 부정함을 참지 못해 접시와 잔의 바닥까지 깨끗하게 문질러 닦았습니다.

그러나 도덕은 그냥 내버려두었습니다. 그들은 과부의 가산을 통째로 삼켰고 법, 정의, 자비 같은 더 중대한 문제들에 대해서는 아무것도 하지 않은 채 방치했습니다. 그들은 자신들의 안을 탐욕과 방종으로 가득 채웠습니다(마 23:23,25 참조). 신앙과 도덕의 이런 잘못된 관계는 오늘의 유대인 사회에서도 목격할 수 있습니다.

어느 유대인이 우리 집을 처음 방문했던 때가 기억납니다. 그 사람은 떠돌이 행상인이었습니다. 나의 어머니는 유대인 친구들이 많았으므로 그 사람을 반갑게 맞이했습니다. 더욱이 어머니는 하나님의 택함을 받은 백성 가운데 한 사람인 그 유대인 행상이 우리 집을 방문한 것을 잔치처럼 여기기를 진심으로 바랐기 때문에 다른 많은 음식 중에서도 특별히 아주 맛좋은 와플을 정성껏 준비했습니다.

그러나 그 유대인이 식탁에 앉았을 때, 어머니는 그 맛좋은 와플을 대접할 수 없었습니다. 그 사람이 노르웨이 말을 썩 잘하지는 못했지만 서투른 말로 "돼지고기 지방은 안 돼요! 돼지고기 지방은 안 돼요!"라고 말했기 때문입니다.

"아니에요! 이 와플에는 돼지고기 지방이 하나도 들어 있지 않아요. 이것은 버터로 만든 거예요"

어머니가 말했지만, 아무 소용이 없었습니다. 그 유대인은 와플에 손도 대려 하지 않았습니다. 그는 의심스러운 미소를 지으며 "돼지고기 지방은 안 돼요!"를 되풀이할 뿐이었습니다.

그 사람은 '돼지고기를 먹지 말라'는 모세의 율법을 준수하는 데에는 매우 엄정했습니다. 그러나 우리 마을의 모든 농가를 찾아다니며 형편없는 물건을 터무니없는 값에 팔아넘기는 사기 행위를 저지르는 데에는 일말의 가책도 느끼지 않았습니다.

우리 삶의 신앙적 부분과 세속적 부분의 분리

신앙과 도덕의 이런 잘못된 관계 또한 그리스도의 교회 안에서 목격할 수 있습니다. 모든 교파의 교회 안에서 이러한 잘못된 관계가 발견됩니다. 많은 사람들이 예배를 드리고, 주일을 지키고, 성례전(聖禮典)에 참여하고, 다른 모든 종교적인 관습과 의식을 준수합니다. 그러나 그들의 도덕심과 일상생활은 그것에 비해 훨씬 낙후되어 있습니다. 그중에 최악은 그런 식으로도 하나님을 섬길 수 있다고 그들이 '진실로' 생각한다는 사실입니다.

심지어 우리는 그리스도인들 사이에서도 신앙과 도덕의 이런 잘못된 관계를 목격할 수 있습니다. 그들 가운데서 이단이 고개를 들어 그리스도인의 온전한 삶을 '신앙적 부분'과 '세속적 부분' 두 개로 나누어버리기 때문입니다. 그렇게 되면, 우리가 특정적으로 하나님을 위해 하는 일들이 그 자체로 별개의 것이 되고, 또 일상의 삶 역시 그 자체로 별개의 것이 되어버립니다. 우리가 일상에서 매일 행하는 것들이 하나님 일의 가장 중요한 부분이 된다는 사실을 보지 못하게 됩니다.

우리는 평일과 주일의 불일치, 가정에서 보이는 태도와 신앙적인 모임에서 보이는 태도의 현저한 불일치 속에서 살아가게 됩니다. 우리는 가정 밖에서는 경건하고, 뜨겁고, 그리스도를 위해 기꺼이 희생하는 부부가 가정 안에서는 서로를 향해 분노의 화염을 사르고, 폭력적인 기질을 드러내고, 시무룩한 표정으로 서로를 냉담하게 대하는 것을 종종 목격합니다.

또한 가정에서 청개구리처럼 자꾸 반대로 나가고, 부모 말도 듣지 않고, 걸핏하면 짜증을 내면서 형제자매들과 다투는 자녀가 신앙적인 모임이나 기도회에서는 귀한 일꾼으로 쓰임 받는 모습을 보게 됩니다. 심지어 찬양하고 간증하고 말씀을 전하는 모습도 보게 됩니다.

회사에서 늘 오만한 태도로 화를 내고, 부하 직원들에게 그리스도인의 정결함은 고사하고 양심적 행실조차 보여주지 못하고, 회사 안에 있는 영혼들을 구원하는 데에는 조금도 열정을 보이지 않는 중역 간부가 회사 밖에서는 다양한 그리스도인 모임에 들어가서 길 잃은 영혼들의 구원과 복음전도와 다른 많은 일들에 열심을 내는 것을 보게 됩니다.

그뿐 아니라 엄격하게 강요된 일 이상의 일은 어떻게든 피하려고 머리를 굴리고, 시계만 처다보면서 빈둥빈둥 퇴근만 기다리고, 회사에서 불화를 일으키고, 자신의 잘못을 절대 인정하지 않고, 사소한 자극에도 언짢은 표정으로 시무룩 토라지고, 부서의 상급자들에게 양심적 행실을 보이지 못하고, 회사생활의 어떤 면에서도 동료 직원들을 그리스도께 인도할 수 있으리라는 가능성의 증거를 전혀 보여주지 못하는 직원이 주일학교나 여전도회나 성가대나 전도 모임이나 기도회나 이후의 친교 모임 같은 특별한 기독교 사역에서 남다른 열정을 나타내는 것을 보게 됩니다.

그들이 이런 다른 행동을 보이는 이유는 두 가지 평면, 즉 '신앙적 평면'과 '세속적 평면' 위에서 삶을 살고 있기 때문입니다.

어렸을 적에 겪었던 일입니다. 동네 어귀에 있는 모래 구덩이에서 모래를 파서 마차에 싣고 운반하는 일을 할 때였습니다. 그때 나는 그렇게 큰 아이는 아니었지만, 그래도 혼자서 제법 말을 잘 다룰 수 있었습니다.

어느 추운 겨울 월요일 아침, 나는 일찍 모래 구덩이로 갔습니다. 당시에는 나 말고도 모래를 운반하는 사람들이 꽤 있었지만, 그날 아침에는 첫 번째로 구덩이에 도착한 덕택에 모래를 푸기 가장 쉬운 곳에서 작업할 수 있었습니다. 그러나 모래를 푸려는데 뒤에서 어떤 남자가 다가왔습니다. 그 사람은 단번에 상황을 파악하고는 내가 있는 곳으로 와서 친구처럼 말했습니다.

"이런 일을 할 나이는 안 된 것 같구나. 내가 마차를 돌릴 수 있게 도와줄게!"

그러더니 내 마차를 일부러 구덩이 다른 쪽으로 몰고 갔고, 내가 맡았던 가장 좋은 장소를 차지해버렸습니다. 나는 그 사람이 한 일에 대해 무엇이라 말할 수 없었습니다. 나는 아직 어린아이였고, 그 사람은 어른이었기 때문입니다.

그러나 그 다음 주일 교회에 갔을 때 얼마나 놀라고 화가 났던지 모릅니다. 그 사람이 예배 중간에 간증을 하는 것이 아닙니까. 나는 속으로 '내일 아침이 되면 저 아저씨는 똑같은 짓을 할 거야!'라고 생각했습니다. 이후에도 그 사람은 계속 말씀을 전했습니다. 그러나 적어도 나에게 그 사람은 그 월요일 아침에 모래 구덩이에서 있었던 일에 대한 기억을 상기시키는 것 외에는 아무것도 이루지 못했습니다.

진짜 그리스도인이 적어도 한 명은 있구나!

한 가지 사건에 대해 더 말하고 싶습니다. 그 일도 모래 구덩이 근처에서 일어났습니다. 어느 날, 친척 중 한 분이 마차를 몰고 가다가 도로에서 한 이웃을 만났습니다. 그 친척이 이웃에게 말했습니다.

"피터, 자네 지금 자네가 맡았던 구역을 작업하는 중이야? 도로 작업구역을 다시 배당한다는 소식 못 들었어? 내가 보기에 말이야, 자네가 똑같은 구역을 배당받을 가능성은 거의 없는 것 같은데!"

허리를 굽히고 열심히 작업하던 그 피터라는 이웃이 몸을 일으켜 이마에 흐르는 땀을 닦으며 대답했습니다.

"작업구역을 다시 할당할 계획이란 말을 요전 날 듣긴 들었어. 그래서 내가 맡았던 구역을 깔끔하게 정리하려는 거야. 내 뒤에 이 구역을 맡게 될 사람한테 최대한 좋은 상태로 인계하고 싶거든."

이 일에 대해 그 친척은 나중에 이렇게 말했습니다.

"나는 아주 오랫동안 기독교와 그리스도인들을 신뢰하지 않았어. 하지만 그날 이 세상에 진정한 그리스도인이 적어도 한 명은 있다는 것을 확신하게 되었지!"

그 친척이 만났던 사람은 바로 일상의 일 속에서 하나님을 섬기는 그리스도인이었습니다. 나의 친척에게는 그 이웃이 보여준 일상에서의 섬김이 집회나 모임에서 들을 수 있는 어떤 간증보다 훨씬 더 강력한 간증이 되었습니다.

평일의 신앙도 중요하다

우리가 공통적으로 당하는 가장 큰 유혹은 일상의 신앙을 소홀히 하려는 것입니다. 즉, 주일의 신앙은 강조하고, 평일의 신앙은 태만히 하려는 것입니다. 우리는 모두 이런 유혹 아래서 살고 있습니다. 그리고 내가 이해하는 한, 우리 시대는 어느 시대보다 이런 유혹을 더 많이 받고 있습니다. 나는 그것이 기독교 사역의 '조직화' 때문이라고 생각합니다.

오늘날 조직화된 기독교 사역은 너무 많은 방면에 뻗어 있고, 또 너무 많은 시간과 노력을 요구합니다. 그래서 우리는 자신도 모르게 그것을 우리 의식의 맨 앞자리에 놓습니다. 그러나 그럴 필요가 없습니다. 물론 오늘날 기독교 사역과 그것에 관계된 조직들에 가해지고 있는 세상 사람들의 비판에 동조하겠다는 뜻으로 이런 말을 하는 것이 아닙니다. 내가 지적하려는 것은, 오늘의 기독교 사역이 천편일률적으로 조직화된 방법으로만 전개되고 있다는 사실입니다. 따라서 오늘날 그리스도인들이 하나님 자녀들의 일상의 삶에 대해 성경이 무엇이라 말하는지 주목하는 것이 중요합니다. 이에 대해 특별히 명료하게 언급하는 말씀 세 구절을 살펴보겠습니다.

그런즉 너희가 먹든지 마시든지 무엇을 하든지 다 하나님의 영광을 위하여 하라 고전 10:31

또 무엇을 하든지 말에나 일에나 다 주 예수의 이름으로 하고 그를 힘입어 하나님 아버지께 감사하라 골 3:17

이같이 너희 빛이 사람 앞에 비치게 하여 그들로 너희 착한 행실을 보고 하늘에 계신 너희 아버지께 영광을 돌리게 하라 마 5:16

먼저, 이 세 구절은 우리가 무슨 일을 하든지 예수님의 이름으로, 하나님의 영광을 위해 해야 한다고 말합니다. 그 다음 예수님은 이 구절들에서, 우리가 일상의 삶에서 선한 행실을 나타냄으로써 이웃들을 위해 영적으로 봉사할 때, 그것이 그들을 구원으로 이끄는 도구가 될 것이라 약속하십니다. 사람들이 우리의 선한 행실을 보고 하나님께 영광 돌리게 하라고 말씀하셨을 때 뜻하신 것이 바로 그것입니다.

우리는 이런 개념이 베드로의 편지에 더욱 명료하게 표현되어 있음을 발견할 수 있습니다.

아내들아 이와 같이 자기 남편에게 순종하라 이는 혹 말씀을 순종하지 않는 자라도 말로 말미암지 않고 그 아내의 행실로 말미암아 구원을 받게 하려 함이니 너희의 두려워하며 정결한 행실을 봄이라 벧전 3:1,2

여기서 베드로 사도는 믿는 아내들이 남편을 말로 설득하지 않아도 일상의 모습으로 하나님께 인도하게 될 것이라 약속합니다. 믿는 아내들이 하나님께서 매우 귀하게 여기시는 하나님을 향한 두려움과 결합된 정결한 행실과 유순하고 평온한 마음을 나타낼 때, 그 남편들이 그것을 '봄으로써' 구원을 얻게 될 것이라 약속합니다.

여기서 우리는 베드로 사도가 '봄'이라는 단어를 사용하고 있음에 주목해야 합니다. 그가 이 단어를 사용하여 우리 그리스도인의 삶에 있는 것들 가운데 다른 사람들이 눈으로 직접 볼 수 있는 것들보다 더 강력하고 효율적인 복음전도 수단은 없다는 사실을 우리에게 말하려고 했다는 것은 의심의 여지가 없습니다.

그러나 우리는 어찌된 일인지 '말'에 대한 요지부동의 믿음을 가지고 있는 것 같습니다. 베드로 사도는 여기서 분명히 말합니다. 일상의 말이든 주일의 말이든 어떤 말을 들어도 주님께 돌아오지 않던 영혼들이 그리스도인들의 일상의 신앙을 목격하고 주목할 수 있을 때, 주님께 돌아오게 될 것이라 전합니다.

일상의 삶이 하나님을 섬기는 삶이 되어야 한다

앞에 제시한 세 성경 구절들은 그리스도인의 일상의 삶과 생업 활동에 대해 성경이 무엇을 가르치는지 통찰을 줍니다. 그리스도인의 일상의 삶과 그리스도인이 세상에서 수행하는 생업 활동은 신령한 섬김, 즉 하나님을 섬기는 섬김이 되어야 합니다. 하나님께서는 이를 매우 귀하게 여기십니다. 그것이 좀처럼 마음을 누그러트리지 않는 이웃들을 구원으로 이끄는 수단이 되기 때문입니다.

그러나 그리스도인의 생업 활동에 대한 이런 고결한 관점은 사도 시대 이후 그리 오래 지속되지 못했습니다. 로마 가톨릭 교회가 이런 성경적 관점을 철저하게 짓밟았기 때문입니다. 로마 가톨릭은 신자들의 보통의 세속적 삶을 신령한 것이 아니라 신령하지 않은 것으로 간주했습니다.

그들은 하나님을 기쁘시게 해드릴 만한 무엇을 하려면, 일상의 삶 이외의 어떤 일을 해야 하며, 평상시 생활 속에서 해야 할 일 바깥쪽에 있는 무언가를 해야 한다고 생각했습니다. 그들은 그리스도인들이 결혼하여 가정을 세우는 것은, 거룩한 일도 아니고 하나님을 기쁘시게 하는 일도 아니라고 생각했습니다. 반면 수도원에 들어가 독신과 금욕의 삶을 사는 것은 거룩하고 하나님을 기쁘시게 하는 일이라고 생각했습니다.

엄마가 되는 것은 거룩한 일이 아니지만, 수녀가 되는 것은 거룩한 일이라 생각했습니다. 일상의 일을 수행하는 것은 거룩한 일이 아니지만, 순례를 하거나 금식을 하거나 기도를 낭송하거나 교회와 수도원에 기부를 하는 일 등은 거룩한 것이라 생각했습니다.

그런 시대의 한가운데서 루터가 성경적 관점을 다시 표면으로 부상시켰습니다. 그의 견해는 한마디로, 하나님은 중심을 보시기 때문에, 인간의 어떤 행위는 그 자체로 거룩하지만 어떤 행위는 그 자체로 거룩하지 않다고 말하면 안 된다는 것이었습니다.

우리가 어떤 일을 올바른 마음으로 할 때, 다시 말해서 예수님의 이름으로, 하나님의 영광을 위해, 하나님을 향한 감사와 사랑으로, 이웃들의 구원을 위한 뜨거운 희생의 열정으로 할 때 그 모든 일이 하나님을 기쁘시게 해드리는 일들이 되는 것입니다.

하나님께서는 우리가 행하는 일들의 외적 광채, 위용, 크기, 성공, 결과에 따라 우리의 일을 판단하지 않으십니다. 하나님께서는 우리가 성공하는지 실패하는지, 대단한 것을 이루는지 시시한 것을 이루는지 주시하지 않으십니다. 다만 우리가 어떤 마음으로 일을 하는지 살피십니다. 이는 곧 하나님께서 우리의 신실함을 보신다는 의미입니다.

따라서 루터가 말한 대로, 올바른 마음으로 행하기만 한다면 빗자루로 마루를 쓰는 일로도 복음을 전하는 것과 마찬가지로 하나님을 기쁘시게 해드릴 수 있습니다. 루터는 한 걸음 더 나아가, 우리가 빗자루로 마루를 쓸게 되느냐 말씀을 전하게 되느냐 하는 것은 단지 '은사'의 문제이며, 이 은사는 성령께서 각 사람에게 성령의 뜻대로 나누어주신다고 말했습니다(고전 12:11 참조).

이로써 루터는 우리의 '생업 활동'을 하나님을 향한 섬김의 가장 중요한 부분으로 그 본래의 성경적 위상에 다시 올려놓았습니다. 그러나 로마

가톨릭의 견해가 또다시 자신의 주장을 펼치며 재빨리 등장했습니다. 그들은 인간이 하나님을 위해 무엇이든 하려면 일상의 행위 이외의 어떤 것, 일상의 일 외부에 있는 어떤 것을 해야 한다고 주장했습니다.

몇 해 전 어떤 하녀를 만났던 기억이 납니다. 그녀는 내가 인도하는 집회에서 회개를 체험한 적이 있었습니다. 그러나 그녀의 그 회개라는 것이 어찌나 미약한 것이었는지 모릅니다. 나는 그녀의 주인집 가족들을 잘 알고 있었습니다. 그들은 그리스도인이었고 그녀를 자상하게 대했습니다. 물론 그들은 그녀가 회개했다는 소식에 무척 기뻐했습니다.

그러나 유감스럽게도, 그들은 그녀의 회개가 그녀의 삶에 아무런 변화도 일으키지 않았다는 사실을 알게 되었습니다. 그녀는 이전에 늘 그랬던 것처럼 나태한 자세로 일했고, 경박한 말들을 입에 담았고, 허영심으로 옷차림에 유난히 신경을 썼고, 사소한 일에도 시무룩하게 토라져 짜증을 냈습니다.

나는 그 문제에 대해 그녀에게 한두 번 심각하게 주의를 주었습니다. 그녀는 내 말을 고분고분 잘 받아들였습니다. 그러나 기대했던 변화는 일어나지 않았습니다. 얼마 후 그녀를 다시 만났습니다. 그녀는 명랑한 미소를 지으며 내게 다가와 다음과 같이 말했습니다.

"목사님! 이제 정말로 제 삶을 하나님께 바쳤어요!"

"그래요?"

내가 물었습니다.

"진정으로 회개하고 하나님께서 원하시는 방식대로 일상의 삶을 살기로 한 거예요? 지금까지 거부해왔던 죄와의 싸움을 시작한 거예요?"

순간 그녀의 얼굴에 가득했던 기쁨의 표정이 사라졌습니다. 그녀는 다 기어들어가는 목소리로 대답했습니다.

"사실은 구세군에 가입했거든요!"

그녀에게는 하나님께 자신을 바치는 것이 하나님의 뜻대로 일상의 삶을 사는 것 이외에 어떤 일을 하는 것을 의미했습니다. 그녀는 하나님께서 그녀에게 바라시는 희생, 그녀가 영적으로 각성한 이후 하나님께서 날마다 그녀의 귀에 말씀하시던 희생, 낡은 죄의 습관을 버리는 희생에 대해서는 아무것도 들으려 하지 않았습니다.

내가 이 하녀 이야기를 하는 이유는, 오늘날 그리스도인들이 루터의 노력에도 불구하고 로마 가톨릭의 '신앙과 도덕의 분리', '하나님을 위한 일과 세상에서의 생활의 분리'를 우리 자신의 사고에 어떻게 도입하고 있는지 전형적으로 보여주고 있기 때문입니다.

하우게주의(主義)의 강점

18세기 노르웨이의 평신도 순회설교자 한스 닐센 하우게(1771~1824, Hans Nielsen Hauge)에 대해 잠시 나누겠습니다. 그는 '신앙과 생활의 일치'를 강조하는 점에서 루터에게로 회귀하는 길을 발견한 인물이었습니다.

하우게와 그의 동료들은 '평일의 신앙'을 강조했습니다. 그들은 절대 주일의 신자들이 아니었습니다. 다양한 종류의 떠들썩한 모임, 대규모 집회, 이런저런 조직 등은 그들의 소신에 어울리지 않았습니다. 대신 그들은 다른 몇 가지 부문에 정통했습니다.

첫째, 그들은 일상의 삶에서 그리스도의 삶을 살아갔습니다. 그들에게 는 그것이 회개의 진정성을 실증하는 방법이었습니다. 그들이 매우 양심 적으로 자신에게 엄격한 삶을 살아간 것이 그런 이유입니다.

둘째, 그들은 자신들의 일상의 삶과 일이 하나님께 대한 진정한 영적 섬김, 즉 진짜 '하나님의 일'이라는 사실을 분명히 의식하고 있었습니다.

그것이 바로 그들이 주변 사람들을 말씀의 영향력 아래로 데려와 그리 스도를 영접하게 하는 첫 번째 우선적인 방법이었습니다. 그리고 그것은 그들의 삶을 하나님의 축복과 진지한 열정으로 가득 채웠습니다. 그들은 일상의 삶에서 만나는 주변 사람들을 하나님 가까이로 데려오려면 자신 들이 일상의 삶을 매우 양심적으로 살아야 한다는 사실을 분명히 느끼고 있었습니다.

하나님에 대한 두려움과 결합된 그들의 정결한 행실은, 그들에게 영적 싸움에서의 승리를 안겨주었습니다. 하우게와 그의 동료들은 말로 승부 를 가리는 사람들이 아니었습니다. 심지어 그들은 찬양의 노랫말로 "말 보다 행동이 더 풍성한 자가 되게 하소서!"라고 기도하기도 했습니다.

셋째로, 그들은 자신들의 생업 활동을 통하여 형제 사랑의 대의(大義)를 높이는 법을 잘 알고 있었습니다. 이와 관련하여 하우게는 다양한 지방에 서 다양한 사업을 시작하고 또 궁핍한 형제들이 자립하도록 도와줌으로 써 솔선수범했습니다.

믿는 형제 가운데 누구라도 경제적으로 몰락할 경우, 하우게와 동료들 은 그 사람이 일자리를 얻을 수 있도록 적극 도움의 손을 뻗었고, 그렇게 도와줌으로써 그 사람이 다른 사람들의 자선을 받아야 하는 지경에 이르지 않도록 막아주었습니다. 하우게주의(主義)의 이런 사회적 관점과 실제적이고 지혜로운 조력의 형태는 사람들 사이에 대단한 관심을 일으켰고, 심지어 그들의 운동을 가장 통렬히 비판하던 사람들의 존경을 얻기도 했습니다.

하우게를 따르던 사람들이 자신들의 생업 활동을 근면하게 수행했다는 것은 잘 알려진 사실입니다. 그들은 유능한 농부, 장인, 사업가, 사무원, 공장 소유자들로 구성되어 있었습니다. 그들은 많은 분야의 선구자였으며, 특히 1814년 전후로 일어난 곤궁의 시기 이후에는 노르웨이의 경제를 회복시키는 데 독보적인 역할을 했습니다.

그것뿐이 아니었습니다. 가장 주목할 점은, 그들이 하나님과 함께하는 내적 삶을 조금도 훼손하거나 약화시키지 않고 이 모든 것을 이루었다는 점입니다. 그들의 방패에는 오물이 묻어 있지 않았습니다. 그들은 선한 양심을 팔아 물질적인 성공을 사지 않았으며, 단지 성공하기 위해 그리스도의 빛을 견디지 못하는 수단들을 의지하지도 않았습니다. 그것이 바로 하우게를 따르는 사람들의 최대 강점이었습니다.

이런 강점의 비밀은 바로 그들이 처음 시작할 때부터 자신들의 생업 활동에 대해 올바른 태도를 가지고 있었다는 점입니다. 그들은 자신들의 일상의 과업을 하나님을 위한 일의 가장 중요한 부분으로 간주했습니다.

그러나 세월이 흐르면서 하우게주의의 강점은 시들해졌고, 이에 따라 그것을 추종하는 사람들의 태도 또한 조악한 수준으로 하락했으며, 훌륭했던 그들은 한시적인 세상사의 손쉬운 먹잇감으로 전락하고 말았습니다. 그리고 마침내는 세상을 지향하는 속된 욕심의 대기가 그들을 뒤덮어, 그들 가운데 다수가 인색한 구두쇠로 전락하고 말았습니다.

우리의 일상과 관련된 위험

우리의 생업 활동과 관련된 두 가지 위험과 특별히 두 가지 어려움이 있습니다. 먼저 위험에 대해 살펴보겠습니다.

첫 번째 위험은, 우리가 다른 사람들을 위해 일하거나 그들과 함께 일할 때 게으르고 나태해질 수 있다는 점입니다. 이것이 믿지 않는 우리 이웃을 구원으로 인도하는 데 장애로 작용하는 범위는 광대하기 때문에 그 위험에 대해 아무리 강조해도 지나치지 않습니다.

오늘날 이 시대는 하나님 말씀에 결코 귀를 기울이지 않는 사람들, 그래서 공장이나 가게나 회사나 사업체에서 함께 일하는 그리스도인을 통하는 경우가 아니면, 기독교 신앙과 접촉하지 못하는 사람들의 수가 많고 또 그런 사람들의 숫자가 지속적으로 증가하고 있습니다. 그러나 그들은 우리를 '보는' 눈을 가지고 있습니다. 그리고 그들은 자신들의 눈으로 우리를 볼 권리를 가지고 있습니다. 그리스도께서도 사람들이 우리의 '착한 행실'을 볼 것이라 말씀하지 않으셨습니까?

따라서 젊은 그리스도인들이여! 당신이 믿지 않는 고용주에 의해 고용되었거나 믿지 않는 동료와 함께 일하는 상태라면, 당신이 매일 일터에서 하나님을 위해 해야 할 일이 무엇인지 깨닫는 '눈'을 하나님께서 주시기 소망합니다. 하나님으로부터 멀리 떨어져 있는 사람들을 당신의 일상의 삶을 통하여 하나님께로 인도할 수 있으며, 또 그것을 통해 마땅히 하나님께로 이끌어야 하기 때문입니다.

우리에게 목회자들이 있다는 것은 참으로 좋은 일입니다. 그러나 목회자들이 이 모든 사람을 자신의 강단 아래에 앉히지 못하는 경우는 어찌해야겠습니까? 우리에게 복음전도자들이 있다는 것은 참으로 좋은 일입니다. 그러나 믿지 않는 사람들이 전도집회가 열리는 곳에 가지 않으면 어찌해야겠습니까?

젊은 친구들이여! 당신은 어떤 목회자도 할 수 없고 어떤 복음전도자도 할 수 없는 일을 할 수 있습니다. 그 일은 '말'로 할 수 있는 일이 아닙니다. 하지만 다행스러운 점은 당신이 하나님의 약속을 가지고 있다는 점입니다. 하나님께서는 당신이 그들을 말로 설득하지 않아도, 하나님에 대한 두려움과 결합된 정결한 행실과 하나님과 인간의 눈에 매우 귀하게 보이는 온유하고 평온한 마음을 보임으로써 그들을 하나님께로 데려올 수 있을 것이라 약속하셨습니다.

물론 그것은 쉬운 일이 아닙니다. 오히려 그것은 우리의 인내에 극도의 부담을 줄 것입니다. 그럼에도 정직하고 단정하게 일상의 일을 수행하시기 바랍니다. 근면하게 사랑으로 수행하시기 바랍니다. 우리가 그렇게 하기를 하나님께서 기대하시기 때문입니다. 하나님께서는 하나님나라의 일에 우리를 필요로 하십니다. 기독교 신앙이 사람을 변화시킨다는 사실, 주일뿐만 아니라 일상의 삶과 매일의 일 속에서 변화시킨다는 사실에 대한 현재형의 명백한 증거로 우리를 필요로 하십니다.

우리의 생업 활동에 관련된 두 번째 위험은, 우리가 생업 활동에 지나치게 몰두할 수 있다는 것입니다. 특히 이는 개인사업에 종사하는 사람의 경우 더욱 그렇습니다. 이윤과 이익에 대한 욕심이 우리 삶의 우위를 점유할 위험이 있다는 말입니다. 그렇게 될 경우 우리가 때로 남들에게 베풀기도 하고 우리 소유라 여기는 것들을 하나님께 조금 바칠지는 몰라도, 결국에는 하나님을 위해 일상의 삶을 사는 것을 중단하게 되고 모든 것을 우리 자신의 것으로 여기게 됩니다.

우리가 물질에 눈이 어두워 하나님을 위해 일상의 삶을 사는 것을 중단할 때, 날마다 길 잃은 영혼들을 만나고 관계하면서도 더 이상 그들을 보지 못하게 됩니다. 우리는 더 이상 그들을 하나님께 반드시 데려가야 하는 가련한 영혼들로 여기지 않게 됩니다. 하나님께서는 우리가 그들을 하나님께로 데려오기를 무엇보다 바라십니다. 그러나 물질에 대한 욕심이 우리 일상의 삶의 우위를 점유할 때, 그들이 바로 그런 사람들이라는 사실이 우리 눈에 보이지 않게 됩니다.

나는 우리 시대에 새로운 유형의 기독교가 나타나고 있는 것 같은 인상을 받습니다. 내 느낌대로 말하면, 그것은 우리의 다양한 기독교 조직들과 관련하여 전개되고 있습니다. 그것이 우리 시대의 특징적인 현상이라는 것은 의심의 여지가 없습니다. 내 경험에 의하면 그것이 노르웨이, 덴마크, 스웨덴 등 북유럽에서뿐만 아니라 미국을 비롯한 여러 나라에서 나타나고 있기 때문입니다.

이 새로운 유형의 기독교는 생업 수행 면에서 유능한 역량과 실력을 갖춘, 종종 과도한 실력을 갖춘 그리스도인들로 구성되어 있습니다. 물론 그들은 하나님의 일에 관심을 가지고 있습니다. 사실 그들은 믿지 않는 영혼들의 구원을 위해 기꺼이 희생하려는 마음을 가지고 있고 또 그들의 구원에 대한 남다른 열정을 보입니다. 그들 가운데 몇 사람은 전도집회를 지속적으로 개최하는 것에 대단한 열의를 보이기도 합니다.

그러나 참으로 이상한 점은, 그런 그들이 일상의 삶에서는 그것과 동일한 관심과 열의를 보여주지 못한다는 사실입니다. 기독교 사역과 기독교에 대한 그들의 모든 관심은 자신들이 과도한 활동성을 나타내는 그 조직에 온통 집중되어 있습니다. 그들의 태도는 국경수비대의 잘 알려진 관행을 상기시킵니다.

어떤 청년이 군복무 연령에 이르러 일단 국경수비대에 배치를 받으면, 그 청년은 배치를 받자마자 대리인을 세울 수 있습니다. 특정인을 고용하여 자기 대신 군복무를 시키고 자신은 더 이상 복무할 의무를 면제받는 것입니다. 내가 지금 언급하고 있는 그리스도인들이 바로 그렇습니다. 그들은 생업을 통하여 이윤을 남기느라 너무 분주하므로 이를 통해 하나님을 섬길 만한 여유가 없습니다. 그래서 그들은 대리인을 고용합니다.

그들은 복음전도자들과 순회 간사들이 도시와 마을을 두루 다니면서 하나님의 일을 하도록 월급을 주고, 거기에 소요되는 비용을 댑니다. 그들이 나태하기 때문이 아닙니다. 오히려 그들은 전도집회에 참석하기를 좋아합니다. 특히 집회가 끝난 후 회식에 참여하는 것은 더 좋아합니다. 거기서 그들은 길 잃은 영혼들의 구원을 위한 열정을 드러냅니다. 종종 그들의 열정은 옆에 가기가 무서울 정도로 과도하기도 합니다.

그러나 일상의 삶에서는 그런 열정을 도무지 보이지 못합니다. 자신의 사업체에 고용된 직원들과의 관계에서든 사업상 접촉하는 사람들과의 관계에서든, 믿지 않는 영혼들을 위한 열정은 도무지 보이지 못합니다. 오히려 일상의 삶에서 주변 사람들에 대한 가혹함과 지독한 탐욕과 신뢰하기 어려운 약삭빠른 사업 방식만을 보여줌으로써 그런 영혼들이 구원의 길을 찾는 데에 엄청난 장애 요소로 작용합니다.

우리는 이런 위험에서 건져달라고 하나님께 기도해야 합니다. 왜냐하면 이런 유형의 기독교가 확산되게 방치할 경우, 그것이 곧 기독교의 죽음을 의미할 것이기 때문입니다.

평일의 신앙을 회복하라

옛길로 돌아가기 위해 힘쓰시기 바랍니다. 과거 하우게와 그의 친구들이 걸었던 평일의 신앙으로 돌아가시기 바랍니다. 진지했던 그들의 일상의 삶, 신뢰를 받았던 그들의 일상의 삶을 우리의 삶으로 만들어야 합니다. 오늘날 세상이 간절히 사모하는 것이 바로 그것입니다. 이제 더 이상 '말'은 필요하지 않습니다.

그러나 옛길로 돌아가는 것이 결코 쉽지 않다는 사실을 우리는 잘 알고 있습니다. 대부분의 그리스도인들이 기독교 신앙이라 불리는 거의 모든 것을 일상의 삶 이외에 교회나 기독교 단체에서 별도로 행하는 행위와 본능적으로 연결하려는 지금, 대부분의 그리스도인들이 자신들의 일상의 삶과 생업 활동을 하나님을 위한 섬김으로 간주하기 매우 어려워하는 지금, 우리는 평일의 신앙을 포기하려는 유혹에 빠지기 쉽습니다.

그러나 그래서는 안 됩니다. 대신 하나님께 나아가 우리 자신과 서로를 위해 기도하시기 바랍니다. 그리고 사사롭게 하든지 공적으로 하든지 이 문제에 대해 서로 이야기하십시오. 또한 이런 길을 함께 걷는 사람들끼리 서로 격려하고 힘을 북돋아주시기 바랍니다.

일단 이런 방향으로 눈을 돌리기 시작하면, 이런 삶을 그리스도인으로서 우리의 삶의 목표로 설정하면, 비록 시간이 걸릴지라도 마침내 우리가 옳은 일을 시작했다는 사실을 발견하게 될 것입니다. 물론 그것은 우리의 고군분투를 의미합니다. 왜냐하면 우리 안에 있는 옛 아담, 곧 우리 안에 있는 옛 죄의 본성이 평일의 신앙보다 더 두려워하는 것은 없기 때문입니다. 이것이 첫째 어려움입니다. 그리고 우리의 원수 사탄이 평일의 신앙보다 더 두려워하는 것이 없기 때문입니다. 이것이 둘째 어려움입니다.

우리가 기독교 신앙의 모든 관심과 노력을 오직 집회와 단체에 집중하고 그것에 몰두하는 한, 기독교 신앙이 더 이상 우리의 일상의 삶 속 깊이 스며들지 못하는 한, 우리가 평일의 삶을 하나님에 대한 기본적이고 본질적이며 으뜸가는 섬김으로 여기지 않는 한, 우리가 많은 집회나 대대적인 집회 혹은 '좋은' 집회를 한다 해도, 사탄은 분명 우리의 그런 집회에 반대하지 않을 것입니다.

제 아버지는 가정에서도 그리스도인이었습니다!

어떤 마을에서 장례식이 열렸습니다. 그리스도인 한 사람이 세상을 떠났기 때문입니다. 그 사람은 멀리까지 이름이 알려졌던 터라 수많은 신실한 친구들이 그의 장례식에 모여들었습니다. 그들은 고인의 관 앞에 서서, 그의 성품과 그가 생전에 이룬 일에 대해 하나님께 감사를 드렸습니다.

그리고 마침내 고인의 장남이 묘지 옆으로 나아와, 생전의 제 부친에게 사랑을 베풀어주었을 뿐 아니라 장례식에 참석하여 고인의 이름을 높여준 모든 조문객들에게 감사의 인사를 전했습니다. 그리고 마지막에 이렇게 덧붙였습니다.

"제 아버지에 대해 몇 말씀 드리고 싶습니다. 아버지는 가정에서도 그리스도인이었습니다. 제게는 그 사실이 오늘 이 자리에서 아버지의 생애와 업적에 대해 나눈 모든 선한 말들보다 훨씬 더 중요합니다!"

세상을 떠난 그 사람은 기독교 신앙이 철저하게 평일의 신앙이 되어야 한다는 사실을 잘 알고 있던 사람이었습니다.

CHAPTER 07

두려움 가운데로

—

종의 두려움을 버리고 자녀의 두려움을 품어야 한다

두렵고 떨림으로 너희 구원을 이루라 너희 안에서 행하시는 이는 하나님이시니
자기의 기쁘신 뜻을 위하여 너희에게 소원을 두고 행하게 하시나니 빌 2:12,13

자신의 의지로는 참된 회개에 이를 수 없다

이 말씀은 심오하고 또 심오합니다. 따라서 내가 이 말씀의 깊이를 철저히 탐사할 수 있다거나 이 말씀에 담긴 풍성한 의미를 완벽하게 주해(註解)할 수 있다고는 조금도 생각하지 않습니다. 그러나 이 말씀 중에서 내가 이해할 수 있는 부분은 매우 귀한 의미로 다가옵니다. 이 심오한 말씀의 가장 명료한 곳은 결론 부분입니다.

너희 안에서 행하시는 이는 하나님이시니 자기의 기쁘신 뜻을 위하여
너희에게 소원을 두고 행하게 하시나니 빌 2:13

이 말씀을 잘 읽어보시기 바랍니다. 특히 우리가 스스로 회개를 시작했는데 잘되지 않았다면, 더욱 잘 읽어보시기 바랍니다. 우리는 '회개'가 마

음을 변화시키는 것이라고 들었지만, 지금까지 애써도 잘되지 않았습니다. 우리의 필사적인 몸부림에도 우리의 욕구는 여전히 죄를 지향하고 있습니다. 우리의 의욕은 하나님을 지향하지 않습니다. 기도를 하거나 성경을 읽으려면 우리 자신을 강압해야 합니다. 그리고 간혹 하나님의 뜻이라고 생각되는 것들을 하게 되는 경우, 우리 자신의 의지에 의해서가 아니라 자신도 모르게 하게 됩니다. 사도 바울이 빌립보서 2장 13절 말씀을 통해 우리에게 털어놓는 비밀을 잘 경청하시기 바랍니다.

이것은 우리 영혼의 구원과 평화에 관계된 엄청난 비밀이요, 그것과 관련해 결정적인 중요성을 갖는 말씀입니다. 하나님께서는 우리가 자신의 의지로 마음을 변화시켜 죄를 미워하고 하나님을 사랑하는 능력을 갖기를 기대하지 않으십니다. 하나님께서는 우리가 우리 마음을 압박하여 기도하거나 말씀을 읽고자 하는 의욕을 짜내기를 기대하지 않으십니다. 하나님께서는 우리가 자발적인 마음으로 하나님을 섬기고 하나님을 위해 희생하고 고난 받기를 기대하지 않으십니다.

하나님께서 우리에게 기대하시는 것은 단 하나, 곧 우리에 관한 모든 진실을 하나님께 있는 그대로 아뢰는 것입니다. 우리 마음의 태도와 지금의 삶과 관련된 모든 것을 있는 그대로 하나님께 아뢰는 것입니다.

더욱이 우리는 그것조차 스스로 할 수 없습니다. 우리가 그렇게 하도록 하나님께서 해주셔야 하기 때문입니다. 하나님께서 우리 스스로는 우리 자신에 관한 진실조차 볼 수 없기 때문에 그 모든 진실을 우리에게 말씀해주셔야 합니다. 하나님께서 성령으로 확신시켜주셔야만 우리는 우리 자신에 관한 진실을 알게 되고 또 우리가 하나님의 영(靈)께서 일러주시는 그대로의 죄인이라는 것을 내적으로 인격적으로 이해하게 됩니다.

우리는 지금 회개하기를 소망하고 있습니다. 그 소망 역시 하나님께서 우리 안에 일으키신 것입니다. 성경은 하나님께서 회개함과 죄 사함을 주신다고 말합니다(행 5:31 참조). 하나님께서는 우리가 회개한 사람이 되고자 하는 바람을 가질 때까지, 누구의 강압도 받지 않은 상태에서 기꺼이 그런 바람을 가질 때까지 우리의 의지 안에서 역사하심으로써 회개를 주십니다. 그리고 하나님께서는 그렇게 우리로 하여금 회개를 결심하게 하셨습니다.

그러나 그것은 하나님께 쉬운 일이 아니었습니다. 하나님께서 처음 우리의 의지 안에서 역사하기 시작하셨을 때, 우리가 굴복하려 하지 않았기 때문입니다. 우리는 아마도 오랫동안 하나님을 뿌리쳤고, 하나님의 뜻이 우리의 삶 위에 가하기 시작한 영향력을 제거하기 위해 온갖 방법을 동원했습니다. 그럼에도 하나님께서는 포기하지 않으셨습니다. 하나님께서는 우리의 의지가 백기(白旗)를 들 때까지 우리의 의지 안에서 계속 역사하셨습니다. 그리고 우리가 자발적으로 회개를 결심하기 시작한 바로 그 순간, 승리를 얻으셨습니다.

그때부터 하나님께서는 이전보다 훨씬 수월하게 우리 안에서 역사하셨습니다. 전에는 우리가 하나님을 거슬렀지만, 그때 이후로는 하나님과 동행했기 때문입니다. 그러나 그럼에도 우리는 여전히 하나님께 방해가 되었습니다.

물론 우리가 고의로 그리한 것은 아니었습니다. 이전과 달리 하나님의 역사에 굴복하여 회개를 결심했기 때문입니다. 우리는 고의가 아니라 무지로 인해 하나님께 방해가 되었습니다. 지금까지 우리가 회개에 대해 갖고 있던 모든 생각은 바로 옛 아담의 생각이었기 때문입니다. 우리는 우리의 의지로 회개에 이르려 했습니다. 그러나 그것은 처음부터 끝까지 잘못된 것입니다. 이 때문에 하나님께서는 참된 회개가 무엇인지 깨우쳐주기 위해 우리 안에서 계속 역사하셔야 했습니다.

지금까지 우리는 회개라는 것이 우리 자신의 의지로 이전의 생활 방식을 중단하리라 결심하고, 죄를 지향하는 욕구를 제거하리라 결심하고, 우리 자신을 강압하여 하나님을 사랑하게 하리라 결심하는 것을 의미한다고 생각했습니다. 그러나 하나님께서 우리 안에 계속 역사하시며 깨우쳐주신 덕분에 이제 우리 자신의 의지로는 그런 것들을 하는 것이 불가능하다는 사실을 체험으로 깨닫고 있습니다. 지금 우리의 입은 막혀버렸습니다. 우리는 우리가 하나님의 심판 아래 놓여 있다는 것과 우리 안에, 곧 우리의 육신 안에 선한 것이 아무것도 거하지 않는다는 사실을 잘 알고 있습니다.

회개는 하나님이 주시는 선물이다

이제 하나님께서 우리에게 '참된 회개'가 무엇인지 알려주실 것입니다. 참된 회개는 자신의 의지를 변화시킬 수 있는 결단을 스스로 내리는 것이 아니라, 우리의 의지가 죄로 인하여 완전히 손상되었고, 그런 점에서 전혀 쓸모없게 되었다고 하나님께서 말씀하실 때, 하나님께 동조하여 그대로 시인하리라 결단하는 것임을 알려주실 것입니다. 우리의 유일한 소망은 하나님께서 우리 안에 새로운 의지, 전적으로 새로운 의지를 창조하시도록 순종하는 것이라고 하나님께서 말씀하실 때, 하나님께 동조하여 우리 스스로도 그렇게 단언하는 것임을 알려주실 것입니다.

회개의 복음을 들어보시기 바랍니다. 하나님께서 우리 안에서 일으키실 이 새로운 것들을 받아들이시기 바랍니다. 우리 자신의 의지로는 진정한 회개에 이를 수 없기 때문입니다. 회개하기 위해 우리가 해야 할 모든 것은, 우리의 옛 의지가 철저하게 무력해졌기 때문에 그것으로는 회개에 이를 수 없다고 하나님께서 말씀하실 때, 하나님께 동조하여 우리 스스로도 그렇게 단언하는 것입니다. 그러나 성령의 빛과 인도하심 아래 우리 자신의 의지가 무능하고 악하다는 것을 깨닫게 될 때, 절대 절망하거나 낙심하지 마시기 바랍니다. 그럴 때 그저 하나님 앞에 나아가 이렇게 아뢰시기 바랍니다.

"사랑의 주님! 주님께서는 제 자신의 의지가 완전히 쓸모없는 것임을 알고 계십니다. 제 안에 새로운 의지를 창조하소서! 그 새로운 의지가 제 안에서 날로 강해지도록 계속 역사하소서!"

이제 우리는 회개하기 위해 우리가 처한 처지를 우리 자신의 힘으로 변화시키려고 애쓰면 안 된다는 사실을 분명히 알았을 것입니다. 우리 내면에서 죄를 향한 욕구가 뚜렷하게 나타날 때마다 깨닫는 우리의 처지, 우리가 하나님 말씀을 읽거나 기도하고자 하는 의욕을 하나도 지니지 못한 매우 속된 인간이며 하나님께 낯선 자라는 느낌이 들 때마다 깨닫는 우리의 처지, 우리가 하나님의 뜻대로 행하는 것에서 기쁨을 맛보지 못하는 사람이라는 느낌이 들 때마다 발견하게 되는 우리의 처지를 우리 자신의 힘으로 변화시키려 애쓰면 안 된다는 것을 분명히 알았을 것입니다.

대신 우리는 자신에 관한 그런 사실을 있는 그대로 즉각 인정해야 합니다. 우리의 옛 의지로는 회개에 이를 수 없다는 사실을 하나님께 정직하게 자백해야 합니다. 그러면 하나님께서 그것을 회개로 받으시고 오직 하나님만이 하실 수 있는 일, 곧 우리를 용서하는 일을 수행하실 것입니다.

이것이 설득력 없는, 당치도 않은 말처럼 느껴질 수 있다는 것을 잘 알고 있습니다. 우리가 그렇게 느끼는 데는 나름의 이유가 있습니다. 죄인을 용서하시는 것을 매우 중대한 문제로 여기시고 스스로 인간이 되어 자신의 피를 흘리셔야 했던 하나님께서 그런 것을 쉽게 회개로 인정하시고 용서해주신다는 말이 이상하게 들릴 것은 자명하기 때문입니다.

그러나 하나님께서 그런 식으로 우리를 용서하실 때, 우리가 거듭나는 순간에 하나님이 주시는 '새로 창조된 의지'가 더욱 강해집니다. 그러면 하나님께서 아무것에도 방해받지 않고 더욱 자유롭게 우리의 의지 안에 역사하시어, 우리가 하나님의 뜻에 완벽하게 순응하여 마음을 정하고 일하게 만들어 나가십니다.

이는 참으로 아름다운 이야기입니다. 이 말이 이상하게 들리는 이유는 단지 지금까지 누구도 우리에게 이렇게 설교하지 않았기 때문입니다. 그러나 이 말은 특별한 영감을 일으키는 복음을 포함하고 있습니다. 왜냐하면 그것이 복음의 온전한 빛 아래서 우리에게 회개를 가르치기 때문입니다. 일반적으로 우리가 지금까지 강단에서 들어온 설교는 회개를 오로지 하나님의 '요구'로만 간주하도록 했습니다. 물론 강단의 설교는 당연히 그렇게 선포되어야 합니다. 회개가 하나님의 '요구'이기도 하기 때문입니다. 그러나 회개는 무엇보다 하나님의 '선물'입니다.

두렵고 떨림으로 너희 구원을 이루라

하지만 빌립보서 2장 12절은 "두렵고 떨림으로 너희 구원을 이루라"라고 말합니다. 이것은 분명 사도 바울이 믿는 그리스도인들을 위해 기록한 말씀입니다. 이 구절은 매우 심오한 내용, 언뜻 모순적인 듯 보이나 매우 깊은 뜻을 담고 있습니다. 이에 대해 좀 더 자세히 생각해보겠습니다. "두렵고 떨림으로 너희 구원을 이루라"라는 이 구절은, 과연 인간의 행위를 떠난 구원, 인간의 행위가 없는 구원, 오직 은혜에 의한 구원에 관한 성경의 명료한 말씀들과 조화를 이루고 있습니까?

너희는 그 은혜에 의하여 믿음으로 말미암아 구원을 받았으니 이것은 너희에게서 난 것이 아니요 하나님의 선물이라 행위에서 난 것이 아니니 이는 누구든지 자랑하지 못하게 함이라 엡 2:8,9

특별히 더 놀라운 점은 "구원을 이루라"라고 우리에게 말한 사람이 바로 바울이라는 사실입니다. 그는 하나님께서 값없이 베풀어주시는 구원을 가장 강력하게 강조하는 장본인이 아닙니까? 더욱이 "구원을 이루라"는 권고와 결합된 "두렵고 떨림으로"라는 어구는 한층 더 놀랍습니다. 로마서에서 "너희는 다시 무서워하는 종의 영(靈)을 받지 아니하고 양자의 영을 받았으므로 우리가 아빠 아버지라고 부르짖느니라"(롬 8:15)라고 말했던 사람이 바로 바울 아니었습니까. 사도 요한도 "온전한 사랑이 두려움을 내쫓나니"(요일 4:18)라고 말함으로써 바울의 이 말을 뒷받침하고 있지 않습니까.

여기서 우리는 하나님의 말씀을 읽을 때 매우 신중해야 한다는 사실을 깨닫게 됩니다. 진리는 다양한 면들을 가지고 있습니다. 따라서 우리는 개개의 특별한 주제에 대해 성경이 포함하고 있는 모든 것을 신중하게 고려해야 합니다. 이제 이 구절들이 어떻게 조화를 이루는지 살펴보기로 하겠습니다.

먼저 성경은 하나님의 영이 어떤 죄인에게 죄를 자각시키고 그리스도의 의(義)를 입히자마자 그 죄인의 심령 밖으로 내던지는 두려움이 있다고 말합니다. 하나님의 영께서 그 죄인이 하나님의 자녀가 되었음을 그 죄인의 영과 함께 증언할 수 있게 되자마자 그 죄인의 심령 밖으로 내던지는 두려움이 있다고 말합니다. 그 죄인의 심령에 하나님의 사랑을 두루 뿌리자마자 그 죄인의 심령 밖으로 내던지는 두려움이 있다고 말합니다.

죄인이 하나님의 자녀가 될 때, 스스로 율법을 지킴으로써 받을 수 있는 것 외에는 다른 사랑과 호의는 알지도 못하고 기대할 수도 없기 때문에 언제나 하나님을 두려워하던 종의 영은 스르르 사라지게 됩니다.

하나님께서 우리를 사랑하신다는 것을 깨달을 때, 우리가 하나님을 사랑하고 섬기기 때문이 아니라 하나님이 사랑이시기 때문에 우리를 사랑하신다는 것을 깨달을 때, 우리가 하나님의 원수였을 때에도 하나님께서 여전히 우리를 사랑하셨다는 것을 깨달을 때, 하나님께서 그리스도의 보혈을 보시고 경건하지 아니한 모든 자들을 의롭다 하신다(롬 4:5)는 것을 깨달을 때, 우리는 이런 두려움을 내던집니다.

우리가 거룩하신 하나님을 담대하게 올려다보며 자신 있게 "아빠!"라고 부를 수 있을 때, 항상 두려워하던 종의 영은 자녀가 아버지에게 보이는 이런 신뢰에 자리를 내어주고 물러납니다.

동시에 성경은 죄인이 면제받는 이런 두려움이 있을 뿐 아니라 죄인을 보호해주는 두려움도 있다고 말합니다. 교리문답 책들은 이런 두려움을 '자녀의 두려움'이라 일컬음으로써 앞에서 언급했던 '종의 두려움'과 구별하고 있습니다. '자녀의 두려움'은 타당한 표현입니다. 이 두려움이 바로 하나님 자녀들의 특징이기 때문입니다.

예수님은 누가복음 12장 4절 이하에서 제자들에게 이런 두려움에 대해 말씀하십니다. 예수님은 제자들이 마땅히 극복해야 할 두려움에 대해 말씀하신 후, 마땅히 품어야 할 한 가지 두려움에 대해 말씀하십니다.

몸을 죽이고 그 후에는 능히 더 못하는 자들을 두려워하지 말라 마땅히 두려워할 자를 내가 너희에게 보이리니 곧 죽인 후에 또한 지옥에 던져 넣는 권세 있는 그를 두려워하라 내가 참으로 너희에게 이르노니 그를 두려워하라 눅 12:4,5

예수님은 이것이 바로 예수님을 따르는 '하나님의 자녀들이 품어야 할 두려움'이라고 말씀하십니다. 예수님은 이런 두려움이 하나님에 관한 한 가지 사실, 즉 하나님께서는 성령의 내적 역사에 불순종하면서 구원받기를 명백히 거부하는 죄인들의 육신과 영혼을 지옥에 던질 만큼 모든 죄를 소멸하는 불이시라는 사실과 관련된 두려움이라고 말씀하십니다.

여기서 언뜻 자녀의 두려움이 종의 두려움과 똑같은 것처럼 보일 수 있습니다. 종의 영(靈) 역시 하나님의 형벌을 두려워하고 또 당연히 지옥을 두려워하기 때문입니다. 그러나 이 구절들을 더욱 면밀히 살펴보면, 이 두 종류의 두려움에 엄청난 차이가 있음을 알게 됩니다.

종의 두려움은 오직 하나님의 형벌만을 두려워하는 두려움입니다. 이 두려움은 하나님을 엄격하고 냉혹한 군주, 형벌을 내리는 것 외에는 다른 것은 전혀 하려고 하지 않는 횡포한 군주로 간주합니다.

그러나 자녀의 두려움은 형벌만을 두려워하는 두려움이 아닙니다. 자녀의 두려움은 죄 그 자체, 하나님께 죄를 범한다는 생각 그 자체, 하나님의 뜻을 어긴다는 생각 그 자체, 하나님과의 관계를 훼손한다는 생각 그 자체, 하나님을 근심하게 만든다는 생각 그 자체를 두려워하는 두려움입니다.

이 때문에 혹자들은 하나님을 향한 자녀의 두려움을 '경외'(敬畏)라 정의하고 싶어 합니다. 그것은 충분히 합당한 의도입니다. 자녀의 두려움이 거룩한 경의에서 맹목적인 굴종에 이르기까지 우리가 '경외'라는 단어로 의미하는 모든 것을 포함하고 있기 때문입니다.

하지만 하나님을 향한 자녀의 두려움을 오직 '경외'라 정의하면, 그 의미를 제한하여 위에 인용한 예수님과 바울의 말과 양립할 수 없게 만드는 결과를 낳게 됩니다. 바울은 "두렵고 떨림으로"라고 말했습니다. 이 두 표현은 단순한 경외나 공포심 이상의 의미를 내포합니다. 예수님이 제자들에게 그들 육신과 영혼을 지옥에 던지는 하나님을 두려워하라고 말씀하셨을 때, '두려움'이라는 단어가 가지고 있는 가장 직접적인 의미에서 그 단어를 사용하셨다는 것, 즉 하나님은 '위험한' 분이라는 생생한 느낌을 전달하려 하셨다는 것은 명백합니다.

바로 여기에 두려움과 경외의 기본적인 차이가 있습니다. 경외라는 단어는 다양한 색상의 느낌을 내포하고 있지만, 경외의 대상이 위험하다는 암시를 주는 느낌은 전혀 함축하고 있지 않습니다.

하나님이 죄인들에게 위험한 이유

반면 우리가 두려움이라 일컫는 느낌은 그 대상에게 위험한 어떤 것이 있음을 즉각 암시합니다. 따라서 예수님이 우리가 하나님을 두려워해야 한다고 말씀하신 것은 이를 통해 하나님께는 위험한 어떤 것이 있다는 의미를 전하신 것입니다. 그리고 누구든지 하나님께 가까이 나아가는 사람은 하나님에게 위험한 어떤 것이 있다는 느낌으로부터 결코 도망칠 수 없습니다.

그러나 또한 우리는 우리가 하나님의 모든 면(위험한 모습도 포함하여)을 제대로 이해하고 있지 못하다는 사실을 기억해야 합니다. 우리는 이것을 이스라엘 백성에게서 목격할 수 있습니다. 그들은 하나님을 보는 것, 즉 하나님께 계시를 받는 것을 위험으로 간주했습니다. 그들에게 그것은 죽음을 의미했습니다.

그의 아내에게 이르되 우리가 하나님을 보았으니 반드시 죽으리로다 하니 삿 13:22

물론 그것은 관련된 구절들이 명백히 보여주는 것처럼 그들의 오해였습니다. 그러나 하나님께서는 자신에게 위험한 어떤 것이 있으므로 하나님을 마땅히 두려워해야 한다는 것을 택함 받은 백성들에게 깨우쳐주기를 바라셨습니다. 그래서 하나님은 '자기 계시'를 통하여 하나님의 위험한 면이 하나님의 거룩하심, 즉 죄를 미워하심과 긴밀히 관계되어 있다는 것을 가르치셨습니다.

하나님이 죄인들에게 위험한 것이 바로 그 때문입니다. 그러나 하나님이 모든 죄인들에게 위험한 것은 아닙니다. 하나님은 자신을 낮추고 죄를 자백하며 회개하는 죄인들이 두려워해야 하는 하나님이 아닙니다. 그들이 새 언약의 십자가 희생에 의해 누릴 수 있게 된 은혜를 이용함으로써 속죄를 받았기 때문입니다. 예수님이 그들을 모든 위험에서 건져주시는 자비와 사랑이 충만하신 그들의 구세주가 되셨기 때문입니다.

그러나 하나님의 명령에 순종하지 않고 그리스도 희생의 속죄를 멸시하는 죄인들에게는 하나님이 여전히 위험합니다. 하나님께서 명하지 않은 다른 불을 바쳤던 나답과 아비후에 대해 생각해보시기 바랍니다. 그들은 현장에서 불에 삼킴을 당했습니다(레 10:1,2 참조). 혹은 모세와 아론에게 거역했다가 모든 백성이 보는 앞에서 땅 밑으로 떨어져버린 고라, 다단, 아비람에 대해 생각해보시기 바랍니다(레 16:1-35 참조).

옛 언약은 한시적이고 예비적인 것이므로 하나님의 이런 위험한 면이 주로 외적으로 표출되었습니다. 사무엘하 6장에 나오는 웃사에 관한 이야기도 그것에 대한 예가 될 것입니다.

반면에 새 언약 안에 살고 있는 우리에게는 하나님의 이런 위험한 면이 더 이상 외적으로 표출되지 않습니다. 그러나 새 언약 안에 살고 있는 우리 또한 하나님의 이런 위험한 면에 관한 계시를 온전히 밝게 받았습니다. 예수님이 누가복음에서 그에 대해 언급하셨기 때문입니다.

> 몸을 죽이고 그 후에는 능히 더 못하는 자들을 두려워하지 말라 마땅히 두려워할 자를 내가 너희에게 보이리니 곧 죽인 후에 또한 지옥에 던져 넣는 권세 있는 그를 두려워하라 내가 참으로 너희에게 이르노니 그를 두려워하라 눅 12:4,5

하나님이 그분의 자녀들에게도 위험한 이유

예수님은 하나님의 위험한 점이 바로 하나님의 거룩하심과 죄에 대한 미움, 즉 하나님의 구원을 멸시하고 거부하는 죄인들의 육신과 영혼을 지옥에 던지시는 거룩하심이라고 말씀하십니다. 예수님은 자신의 제자들이 하나님에 관한 이런 위험을 분명히 알고 생생하게 느끼기를 바라십니다.

더욱이 이 두려움은 하나님의 자녀들이 아버지에 대해 갖는 두려움으로서 종의 두려움과는 전혀 다른 원천에서 비롯됩니다. 하나님의 은혜를 받아들이고 하나님의 사랑을 아는 사람이 아니면, 이런 두려움을 체험할 수 없습니다. 이 두려움은 우리를 너무도 사랑하시어 우리의 죄를 참지 못하시고, 따라서 우리가 하나님의 구원의 은혜를 오용(誤用)하여 우리 삶에 죄를 들였을 때 우리를 지옥에 던지시는 하나님에 대한 우리의 지식에서 자연스럽게 비롯되는 두려움입니다.

또한 우리는 예수님이 이런 두려움에 대해 말씀만 하신 게 아니라 죄가 없는 자신의 영혼으로 직접 느끼셨다는 점을 알아차릴 수 있습니다. 예수님은 오직 한 가지만을 두려워하셨습니다. 그것은 바로 아버지의 사랑을 오용하는 것이었습니다. 예수님은 이런 두려움을 다양하게 표현하셨습니다. 예수님이 자신의 모친에게 던졌던 날카로운 말이 그러했습니다.

여자여 나와 무슨 상관이 있나이까 내 때가 아직 이르지 아니했나이다
요 2:4

당시 예수님이 모친 마리아의 간청을 하나님 아버지께서 정하신 때가 이르기 전에 행동을 시작하라는 유혹으로 느끼셨음은 의심의 여지가 없습니다. 예수님이 베드로에게 하셨던 말씀도 그러했습니다.

사탄아 내 뒤로 물러가라 너는 나를 넘어지게 하는 자로다 마 16:23

또한 헬라인들이 예수님께 왔을 때에 하셨던 말씀도 그러했습니다.

지금 내 마음이 괴로우니 무슨 말을 하리요 요 12:27

그러나 무엇보다 예수님이 겟세마네와 십자가 위에서 겪었던 영혼의 고뇌에 대해 생각하지 않을 수 없습니다. 십자가 수난과 관련해 예수님의 마음을 가장 무겁게 짓누르는 두려움의 요인은 바로 자신의 외로운 영혼에 떼 지어 몰려드는 사탄의 유혹이었습니다. 예수님이 하나님의 뜻에 불

순종하려는 유혹을 그때보다 더 강렬하게 느낀 적은 없었을 것이기 때문입니다. 그런 유혹에 대한 예수님의 두려움은, 하나님이신 예수님이 죄에 대한 하나님 자신의 영원한 미움을 인간으로서 나타낸 것이었습니다.

은혜와 관련된 위험

우리가 하나님의 자녀로서 가지고 있는 자녀의 두려움도 그런 예수님의 두려움을 닮았습니다. 우리는 하나님으로부터 태어나 하나님의 성품에 참여하는 자가 되었으므로 죄에 대해서도 하나님의 거룩하신 미움과 두려움에 참여하는 자가 됩니다. 그리고 그것은 죄를 범하지 않고 하나님의 뜻에 반하는 행동을 하지 않으려는 예수님 영혼의 고뇌에서 명백히 나타난 것처럼 양심적인 하나님의 자녀들에게서 명백히 나타납니다.

이런 두려움이 아버지를 향한 자녀들의 두려움의 양상을 지닌다는 점은 우리가 두려워하는 것이 죄의 결과가 아니라 죄 그 자체라는 사실, 즉 우리와 아버지이신 하나님을 분리시키는 죄, 우리를 아버지이신 하나님으로부터 멀리 내던지는 죄, 우리가 계속 그 안에 거할 경우 우리의 육신과 영혼을 지옥에 던지는 죄 그 자체라는 사실에서 가장 분명하게 드러납니다.

또한 이런 두려움이 아버지를 향한 자녀의 두려움의 양상을 지닌다는 점은, 그것이 시간이 흐를수록 성도들의 영혼 속에서 감소되는 것이 아니라 더욱 증대된다는 사실에서 밝히 드러납니다. 성도들이 하나님 안에서 활발하게 풍요로운 삶을 살아갈 때보다 죄 자체에 대한 그런 두려움이 더욱 강해지는 때는 없습니다. 성도들이 은혜로 살아가면 살아갈수록, 용서하는 능력과 변화시키는 능력을 체험하며 은혜를 알아가는 법을 배우면 배울수록 은혜와 관련된 위험, 즉 은혜를 오용해 자신의 생활에 죄를 들이는 것의 위험을 더욱 많이 느끼게 되기 때문입니다.

사도 바울이 "두렵고 떨림으로 너희 구원을 이루라 너희 안에서 행하시는 이는 하나님이시니 자기의 기쁘신 뜻을 위하여 너희에게 소원을 두고 행하게 하시나니"(빌 2:12,13)라고 기록했을 때 염두에 두고 있었던 것이 바로 이 점입니다.

루터는 십계명에 관한 주해(註解)에서 모든 시작을 "우리는 하나님을 두려워하고 사랑해야 마땅하다"는 말로 하고 있습니다. 루터가 이 점에서 실수를 범했다고 주장하는 그리스도인들이 적지 않다는 것은 잘 알려진 사실입니다.

그들은 루터의 말에서 "하나님을 두려워하고" 부분을 삭제합니다. 그리고 우리는 하나님을 사랑해야 할 뿐, 그밖에 아무것도 필요하지 않다고 주장합니다. 그러나 이 피상적인 세대에 속한 사람들이 루터처럼 하나님 말씀을 철저하게 읽는다면, 루터가 이 점에서 옳았다는 사실을 깨달을 것입니다.

루터는 하나님을 향한 사랑이 하나님에 대한 두려움을 배제하지 않는다는 것, 오히려 그것들이 서로를 강하게 해준다는 것을 분명히 깨달았습니다. 그는 사랑에는 두려워해야 할 무엇이 있다는 것을 깨달았습니다. 그는 은혜에는 위험한 무엇이 있다는 것을 깨달았습니다. 그는 은혜와 관련된 위험을 깨달았습니다. 그는 하나님의 은혜보다 위험한 것은 없다는 사실을 최종적으로 깨달았습니다.

그것은 인생 전반과 관련된 위험의 일부요, 한쪽입니다. 한쪽에는 하나님의 은혜를 받지 못한 사람들이 영원한 멸망의 위험 한가운데서 살고 있고, 다른 한쪽에는 하나님의 은혜를 받은 우리가 은혜의 위험 한가운데서 살고 있기 때문입니다.

인생의 좋은 것들이 더욱 많아질수록 우리가 그것들을 오용할 경우, 그것들은 우리에게 더욱 위험해집니다. 그렇게 볼 때, 하나님의 은혜는 인생에서 가장 귀하고 좋은 것이므로 우리가 그것을 오용할 경우, 그것은 이 세상 무엇보다 우리에게 위험한 것이 됩니다. 시편 기자는 이 사실을 벌써 2천 년 전에 깨닫고 다음과 같이 기록했습니다.

> 마음에 간사함이 없고 여호와께 정죄를 당하지 아니하는 자는 복이 있
> 도다 시 32:2

우리는 은혜와 관련된 위험을 피할 수 없습니다. 하나님의 은혜를 오용해 간사한 마음을 품고 죄를 짓기가 쉽기 때문입니다. 이것은 우리가 달려가는 좁은 길을 따라 끝까지 뻗어 있는 균열이요, 우리가 마지막 숨을 쉬는 그 순간까지 뻗어 있는 심연의 틈입니다. 우리가 그리스도인으로서 이 갈라진 틈에서 눈을 떼지 않고 거기에 빠지지 않게 늘 조심할 때, 우리는 사도 바울이 권고한 그대로 "두렵고 떨림으로" 살아갈 것입니다.

"구원을 이루라"는 바울의 권고의 진의
빌립보서 2장 12,13절 말씀이 뜻하는 것을 체험하지 못한 사람에게는

사도 바울의 이 진술이 자기모순적인 말처럼 들릴 것입니다. 그러나 믿는 그리스도인에게는 자신의 가장 복된 체험을 기술하는 심오하고 아름다운 묘사로 다가옵니다.

> 두렵고 떨림으로 너희 구원을 이루라 너희 안에서 행하시는 이는 하나님이시니 자기의 기쁘신 뜻을 위하여 너희에게 소원을 두고 행하게 하시나니 빌 2:12,13

믿는 그리스도인은 자신 안에서 역사하는 이가 하나님이시라는 것을 잘 알고 있습니다. 믿는 그리스도인은 사도 바울을 따라 "모든 것들이 하나님으로부터 비롯된 것이다!"라고 진심으로 말할 수 있습니다.

모든 것이 하나님으로부터 비롯된 것입니다. 창조, 구속(救贖), 세례, 소명, 회개, 믿음, 중생(重生), 성화(聖化)의 모든 것이 하나님으로부터 비롯된 것입니다. 그리스도인 안에서 일어나는 모든 것은 하나님께서 하신 것입니다. 또한 그리스도인의 의지 안에서 일어나는 모든 것, 그리스도인이 자신의 의지로 자유롭게 선택하고 결정한 모든 것은 하나님께서 하신 것입니다. 하나님께서 우리 의지 안에 역사하시면서 우리 의지가 반대하는 것들을 점차로 압도하십니다. 그리고 마침내 우리가 자유롭게 우리 자신의 뜻을 따라 하나님의 뜻과 완벽하게 조화를 이룬 것들을 원하게 하시고 선택하게 하십니다. 이는 하나님 안에 있는 그리스도인의 삶의 복된 신비가 아닐 수 없습니다.

우리의 구원은 이것과 동일한 방식으로 일어납니다. 우리는 창조하고 변화시키는 하나님의 의지의 능력 아래서 매일의 삶을 살고 있습니다. 그리고 우리는 변화시키는 하나님의 의지의 영향력으로부터 물러날 때 우리 영혼을 잃게 됩니다(히 10:38,39 참조).

이 사실이 "두렵고 떨림으로 구원을 이루라 너희 안에서 행하시는 이는 하나님이시니"(빌 2:12,13)라는 사도 바울의 말에 깨달음의 빛을 던져줍니다. 사도 바울은 "너희 구원을 이루라!"라고 말합니다. 이는 우리 영혼을 구원하는 문제에서 우리가 해야 할 일이 있다는 의미입니다. 그 일은 다음 한 가지 요소로 구성되어 있습니다. 그것은 의지를 변화시키는 하나님의 능력이 우리 안에서 역사할 때 그로부터 뒤로 물러나지 않는 것입니다. 우리 영혼을 구원하는 문제에서 우리가 해야 할 일은, 우리 삶 안에서 하나님께서 일으키시고 있는 일들과 영향을 우리 자신이 잘 받아들이도록 하는 것입니다.

우리 영혼을 구원하는 문제에서 우리가 해야 할 일은 우리의 경솔함이나 부지런함이, 세상을 향한 마음이나 우리 자신의 일에 대한 지나친 몰두가, 교만이나 낙심이, 수고나 태만이 하나님께서 지속적으로 공급해주시는 능력을 끊어버리지 않게 주의하는 것입니다. 이것은 우리의 행위로 구원받을 수 있다는 말이 아닙니다. 이것이 바로, 사도 바울이 말한 그대로 우리의 구원을 '이루는 것'입니다.

방사능 치료를 받으려는 환자는 한 가지 일을 정확히 수행해야 합니다. 그 환자는 치료를 받으려는 신체 부위가 방사능과 적절한 거리를 유지하도록 해 아무것도 방사능의 치유 작용을 방해하지 않도록 해야 합니다. 그러나 치료에 실제적인 영향을 끼치는 것은 방사능 자체이지 환자의 염려나 노력이나 생각이나 느낌이나 행위 자체가 아닙니다. 모든 치유의 능력 가운데 가장 강력한 치유의 능력, 곧 하나님의 의지에 관한 문제에 직면했을 때 우리 모두가 이런 이치를 깨달았으면 합니다.

은혜의 수단들을 이용하라!

하나님께서는 '수단'을 통하여 우리 안에서 역사하십니다. 특별히 말씀과 성례전과 같은 은혜의 수단들을 통하여 역사하십니다. 따라서 우리가 해야 할 일은 이런 수단들을 지속적으로 사용하는 것, 즉 하나님께 생명을 주시고, 구원하시고, 성결하게 하시는 하나님 의지의 능력으로 우리 심령을 움직이시는 데에 필요한 시간과 기회를 드리는 것입니다.

이런 관점을 가질 때 우리는 은혜의 수단들을 전적으로 다르게 사용할 것입니다. 이는 우리가 성경을 읽거나 성례전에 참여하거나 기도하거나 성도의 교제에 참여하는 등의 수단으로 하나님께 칭찬받을 만한 무엇을 드릴 수 있다는 말이 아닙니다. 오히려 이런 수단들을 통하여 우리 안에서 무엇인가를 이룰 수 있는 주체는 바로 '하나님의 의지의 능력'입니다.

이런 점을 염두에 두고 은혜의 수단들을 사용할 때 그것이 경건한 의식에 참여하는 우리 영혼에 평온함을 가져다줄 것이요, 그것은 다시 지금까지 알지 못했던 쉼과 활력을 가져다줄 것입니다. 또한 우리가 죄에 대항하여 분투할 때 하나님께서 우리 안에서 역사하시면서 선한 것들을 원하고 행하게 하십니다. 따라서 우리가 해야 할 일은 그럴 때 하나님의 빛을 피하여 뒤로 물러나지 않는 것, 즉 우리 죄를 은폐하거나 그것에 대해 핑계를 늘어놓지 않는 것입니다. 우리가 죄를 자백할 때마다 그리스도께서 아무것에도 방해받지 않고 다가와 우리 안에서 역사하시며, 먼저는 죄의 용서를 다음은 죄로부터의 해방을 주십니다. 이 해방은 우리가 알고 있는 것처럼 우리 삶 전체를 통하여 점진적으로 일어납니다.

우리는 종종 아무것도 진척되지 않는 것처럼 느낍니다. 그러나 죄에 대한 패배를 솔직하게 자인할 때마다 그리스도께서 우리 마음에 오시어 죄로부터 해방시켜주시고 그렇게 차츰차츰 우리는 우리의 내적 악함으로부터 놓이게 되는 것입니다. 또한 우리가 하나님을 섬길 때 하나님께서 우리 안에서 역사하십니다. 그럴 때 우리가 해야 할 일은 성령께서 이끄시는 대로 따라가는 것, 그리스도의 사랑에 굴복하는 것입니다(롬 8:14 ; 고후 5:14).

그러면 우리는 사도 바울이 "우리는 그가 만드신 바라 그리스도 예수 안에서 선한 일을 위하여 지으심을 받은 자니 이 일은 하나님이 전에 예비하사 우리로 그 가운데 행하게 하려 하심이니라"(엡 2:10)라고 기록했을 때 의미한 바를 체험할 것입니다.

우리가 성령을 따르고 그리스도의 사랑에 굴복할 때, 그것이 하나님나라를 위한 우리의 섬김에 독특한 안도감과 평온함을 부여합니다. 그것은 우리를 주제넘은 참견과 자랑에 대한 욕심으로부터 구해주며, 하나님을 섬기는 것은 무엇을 하느냐의 문제가 아니라 어떻게 하느냐의 문제라는 것을 가르쳐줍니다. 그것은 또한 우리에게 신령한 책임을 부과합니다. 하나님께서는 우리를 통하여 역사하기를 원하십니다. 하나님께서는 하나님의 놀라운 역사의 능력을 우리를 통해 주변 사람들에게 전하기 바라십니다. 따라서 우리는 하나님과의 관계를 단절시키지 않도록 주의해야 합니다. 그럴 때 우리는 위로부터 오는 능력이 자유롭게 흐르는 수로가 될 것입니다.

바울은 디모데에게 "경건에 이르도록 네 자신을 연단하라"(딤전 4:7)라고 말했습니다. 만일 우리 가운데 경건에 이르기 위해 자신을 연단해오지 않은 사람이 있다면, 지금 즉시 자신을 연단하는 일을 진지하게 시작하시기 바랍니다. 주님께서 주신 지침을 따라 우리 자신을 연단하는 일을 시작하시기 바랍니다.

구하는 이마다 받을 것이요 찾는 이는 찾아낼 것이요 두드리는 이에게는 열릴 것이니라 마 7:8

CHAPTER 08

믿음 앞으로

—

믿음이 온전한 확신에 이르도록 성령께 구해야 한다

만일 우리가 우리 죄를 자백하면 그는 미쁘시고 의로우사
우리 죄를 사하시며 우리를 모든 불의에서 깨끗하게 하실 것이요 요일 1:9

믿을 수만 있다면

이번 장(章)을 쓰는 목적은 자신에게 구원의 믿음이 없음을 슬퍼하는 영혼, 구원의 믿음을 탐색하는 영혼, 자신에게 구원의 믿음이 있는지 미심쩍어 하는 영혼들을 돕기 위해서입니다. 그들의 외모가 어떤지 나는 잘 모릅니다. 그러나 그들의 내면이 어떤지는 조금 알고 있습니다. 그래서 그들이 자신의 내면의 모습을 좀 더 쉽게 인식할 수 있도록 그 점에 대해 간략히 살피고 싶습니다. 그들의 내적 표정에서 볼 수 있는 것들을 네 문장으로 요약하면 다음과 같습니다.

첫 번째, 그들은 결단한 사람들입니다. 그들은 더 이상 양다리를 걸치고 있지 않습니다. 그들은 신앙을 요구하는 상황에서는 신자처럼 굴려고 애쓰고, 불신자로 행동하는 것이 더 유리한 상황에서는 불신자처럼 굴려고 애쓰는 짓을 하지 않습니다. 그들은 하나님의 백성과 함께 모든 부당

한 대접을 나누겠다고 결단한 사람들입니다. 그것은 그 자체로 큰 기쁨입니다. 그렇게 결단한 모든 사람들이여! 이 책을 잠시 덮고, 결단의 좁은 문을 통하여 들어간 당신의 영혼 깊은 곳에서부터 하나님께 감사를 드리시기 바랍니다.

두 번째, 그들은 마음에 간사함이 없는 사람들입니다. 그들은 자신에 대해 거룩한 의혹을 가지고 있습니다. 그들은 속임수와 책략이 자신의 마음과 삶에 들어올까 항상 염려의 끈을 놓지 못합니다. 그들은 자신의 마음 안팎을 뒤집어보는 게 가능하다면, 자신이 하나님께 숨기는 것이 아무것도 없고, 단 하나의 죄라도 자신의 영적 삶에 밀반입하려고 애쓰지 않고 있다는 것을 확인시키기 위해 기꺼이 그렇게라도 하려는 사람들입니다.

세 번째, 그들은 그리스도인의 삶을 올바로 시작한 사람들입니다. 그들은 가정생활에서 늘 보이던 죄의 습관과 전투를 즉각 시작함으로써 그리스도인의 삶을 시작한 사람들입니다. 그것은 죄로 인해 근심하는 것이 무엇을 뜻하는 것인지 배우기 위해 우리가 마땅히 해야 할 일입니다. 그들은 자신이 하나님을 사랑하지 않는다는 것, 하나님보다 다른 것들을 훨씬 더 사랑한다는 것을 매일 깨닫습니다. 더욱이 그들은 자신이 가책이나 죄책감을 전혀 느끼지 못한다는 것, 자신의 마음이 얼음처럼 차갑고 돌처럼 단단하다는 것을 매일 느낍니다.

네 번째, 그들은 성경을 읽는 사람들입니다. 그들은 습관적으로든지 진지한 의욕으로든지 하나님 말씀을 매일 읽습니다. 그리고 하나님이 은혜로운 분이라는 것, 죄인을 구원하는 것이 하나님의 가장 큰 기쁨이라는 것을 성경에서 깨닫습니다. 아마 당신은 이 대목에서 즉각 이의를 제기할 것입니다.

"지금 그런 사람들을 가리켜 슬퍼하는 영혼, 탐색하는 영혼, 미심쩍어하는 영혼이라고 말하려는 것입니까? 그들이 당신이 묘사한 그대로의 사람들이라면, 그들이야말로 주님 안에서 행복한 삶을 사는 그리스도인이요, 그리스도에 의해 완벽한 자유를 얻은 그리스도인이 아니겠습니까?"

물론 그들 가운데 몇 명은 그렇습니다. 그러나 모두가 그런 것은 아닙니다. 참으로 이상한 일입니다. 그들이 주님 안에서 행복한 삶을 살지 못하고, 그리스도에 의해 완벽한 자유를 얻지도 못하는 이유를 그들에게 직접 물어보면 즉각 대답을 듣게 될 것입니다. 그리고 그 대답은 "믿을 수만 있다면 그렇게 되겠지요. 하지만 믿을 수 없는데 하나님의 은혜가 제게 무슨 소용이겠습니까?" 하는 내용이 될 것입니다. 참으로 기막힌 상황입니다.

'믿음'은 단순한 것

하나님께서는 죄 가운데 있는 인간을 위해 구원의 길을 준비하셨을 때, 가능한 한 단순하게 만드셔야 했습니다. 그래서 하나님께서는 '믿음'이라는 길을 정하셨습니다. 죄인들은 믿음을 통하여 구원을 받습니다. 그렇지 않다면, 우리 가운데 그 누구도 영광에 이르지 못할 것입니다. 하지만 우리가 이 문제를 너무 엉망진창으로 망쳐놓았기 때문에 구원을 탐색하는 영혼들은 '믿는 것보다 더 어려운 것이 없다'라는 생각을 하게 되었습니다.

참으로 이상한 일입니다. 한쪽에는 죄인이 있습니다. 자신의 모든 죄책 감과 자기 자신을 구세주께 맡기려는 것 외에는 아무것도 모르는 죄인이 있습니다. 다른 한쪽에는 하나님이 계십니다. 쓰리도록 아파하는 이 곤한 영혼을 사랑의 품으로 데려오고자 하는 것 외에는 아무것도 모르는 하나 님이 계십니다. 양쪽 모두, 상대를 만나기를 애타게 갈망하고 있지만 서 로 발견하지 못하고 있습니다. '믿음'이라는 작은 기계장치가 있기 때문 에 하나님께서 가련한 영혼을 아무리 도우려 하셔도 이 장치가 '딸깍!' 소 리를 내며 적절하게 움직이지 않으면 도울 수 없다는 것입니다. 여기 어 딘가에 틀림없이 오해가 있다는 사실을 간파하기는 어렵지 않습니다.

그러나 오늘날 구원을 탐색하는 영혼들에게만 이런 오해의 책임이 있는 것은 아닙니다. 우리 설교자들에게 더 큰 책임이 있습니다. 믿음을 주제로 한 우리의 설교가 그만큼 명백하지 못하고 단순하지 못했기 때문입니다. 그렇다고 내 말을 오해하지 마시기 바랍니다. 설교자들은 모두 자신이 알 고 있는 가장 좋은 방법으로 믿음에 대해 설교하고 있습니다. 만일 믿음에 대해 지금보다 더 잘 설교할 수 있는 방법이 있다면, 설교자들은 분명 그 방법을 따르려고 진심으로 노력할 것입니다. 문제는 '믿음'이 대단히 '단 순한 어떤 것'임에도 불구하고 우리가 믿음에 대해 말할 때 너무 복잡하게 뒤얽힌 어떤 것으로 만들어버리는 경향이 있다는 사실입니다.

내가 보기에는 믿음을 주제로 한 설교들이 대체로 다음 두 가지 일반적 인 경향을 따르는 것 같습니다.

과거 세대는 믿음이 하나님의 선물이라는 점과 하나님께서 정하신 시 간이 되어야 우리가 믿음을 받는다는 점을 매우 강조했습니다. 과거의 설교자들은 믿음을 탐색하는 영혼들에게 "기다리세요. 하나님께서 정하신 시간이 되면 믿음을 받을 것입니다!"라고 말하곤 했습니다. 그들은 "마음을 가라앉히고 기다리세요. 하나님께서 평화를 주실 것입니다"라는 어구를 종종 사용하곤 했습니다.

이후에 더욱 새롭고 자유로운 유형의 설교가 등장했고, 설교자들은 사람들에게 이렇게 질문했습니다.

"성경 어느 구절이 믿으려면 기다려야 한다고 말씀합니까? 그런 구절은 없습니다. 오히려 '주 예수를 믿으라 그리하면 너와 네 집이 구원을 받으리라'(행 16:31)라고 말씀하지 않습니까? 그러니 지금 믿으십시오. 그러면 구원을 받을 것입니다!"

그리고 그런 설교 방식을 따르는 설교자들은 여기에 "당신의 불신앙으로 예수님을 계속 근심하시게 하는 이유가 무엇입니까?"라는 질문을 덧붙이곤 했습니다. 심지어 어떤 이들은 한 걸음 더 나아가 "당신은 예수님의 십자가 공로 덕택에 당신의 모든 죄에 대한 용서를 확보할 수 있게 되었습니다. 그러나 당신이 믿지 않는다면, 하나님의 독생자를 믿지 않음으로 인해 이미 정죄를 받은 것입니다!"라고 말하기도 했습니다.

사람들에게 믿음을 제안하는 이 두 방법은 확실히 다릅니다. 그러나 한 가지 일치하는 점이 있습니다. 믿음과 확신을 혼동하여 그것들을 동일한 것으로 내놓고 있다는 것입니다. 옛 세대의 설교자들이 "주님께서 정하신 시간이 될 때까지 기다리십시오. 그러면 믿음을 받을 것입니다!"라고 말했을 때, 그들이 의미한 것은 믿음이 아니라 '확신'이었습니다. 이후 세대의 설교자들이 "지금 믿으십시오. 그러면 구원을 받을 것입니다!"라고 말했을 때, 그들이 의미한 것은 "그러면 확신을 얻을 것입니다!"라는 것이었습니다. 따라서 구원을 탐색하는 영혼들도 확신에 관한 설교자들의 말을 믿음과 구원에 대한 말로 이해하게 되었습니다.

또한 그들은 믿음과 구원을 얻기 위해 모든 힘을 다했습니다. 그들은 선한 의도로 선포된 모든 지침을 성실하게 이행했습니다. 그들은 "그가 찔림은 우리의 허물 때문이요 그가 상함은 우리의 죄악 때문이라 그가 징계를 받으므로 우리는 평화를 누리고 그가 채찍에 맞으므로 우리는 나음을 받았도다"(사 53:8)라는 말씀과 성경의 다른 많은 구절에 자신의 이름을 넣어 읽으면서 믿음과 구원을 얻으려 애썼습니다. 그러나 원하는 것을 얻을 수 없었습니다. 그들은 예배당에 올 때 질질 끌고 왔던 무거운 짐에 돌 하나를 더 얹어 집으로 돌아가야 했습니다.

죄의 자백 안에 있는 믿음

믿음에 대해 말하는 지금, 요한일서 말씀을 출발점으로 삼고 싶습니다.

> 만일 우리가 우리 죄를 자백하면 그는 미쁘시고 의로우사 우리 죄를 사하시며 우리를 모든 불의에서 깨끗하게 하실 것이요 요일 1:9

그런데 이 구절에는 '믿음'이라는 말이 없습니다. 하지만 이 구절은 우리가 구원을 받으려면 어떻게 해야 하는지에 대해 성경의 다른 어떤 구절보다 명쾌하게 말해줍니다. 이 구절은 죄의 용서에 대해 말합니다. 누구든지 죄를 용서받으면 구원받는다는 것은 모두가 명백히 알고 있는 사실입니다. 그런데 죄를 용서받으려면 어떻게 해야 할까요? 이 구절은 "만일 우리가 우리 죄를 자백하면"이라고 명쾌하게 대답합니다.

더 이상의 것은 아무것도 없습니다. 참으로 단순하지 않습니까? 그러나 다른 사람들보다 생각이 좀 많은 독자들은 분명 질문을 제기할 것입니다.

"이 구절 어디에 믿음이 언급되어 있습니까? 사람이 믿음 없이도 구원을 받을 수 있다는 말씀이신가요?"

아닙니다. 그럴 수 없습니다. 히브리서 기자는 "믿음이 없이는 하나님을 기쁘시게 하지 못하나니"(히 11:6)라고 분명히 말합니다. 따라서 우리는 어떻게 해서든 요한일서의 이 구절 안에서 믿음을 이해해야 합니다.

> 만일 우리가 우리 죄를 자백하면 그는 미쁘시고 의로우사 우리 죄를 사하시며 우리를 모든 불의에서 깨끗하게 하실 것이요 요일 1:9

이 구절에는 믿음이라는 말이 언급되어 있지 않습니다. 그러나 이 구절에는 믿음이 있어야 하고 또 있습니다. 그렇다면 어디에 있을까요? 이것은 거의 성경 낱말퍼즐에 가깝습니다. 하지만 우리가 이 구절에서 믿음을 발견하고 볼 수 있다면, 우리는 믿음의 문제를 해결한 것이나 다름없습니다.

믿음은 바로 "우리가 우리 죄를 자백하면"이라는 말씀 안에 있습니다. 이는 조금만 신중하게 생각해보면 자명해집니다. 우리는 누구든지 죄를 용서받은 사람은 구원받는다는 것을 명확히 알고 있습니다. 그런데 성경은 우리 죄를 용서받을 수 있는 유일한 조건이 우리가 '죄를 자백하는 것'이라고 말합니다. 따라서 우리는 자신의 죄를 자백하는 것이 구원에 이르는 길이라는 사실을 알 수 있습니다. 그런데 또 성경은 믿음을 통하는 경우가 아니면 그 누구도 구원받을 수 없다고 말합니다. 그러므로 우리는 믿음이 자백 안에 포함된다는 것을 알게 됩니다.

이것은 믿음의 문제에 즉각 새로운 빛을 비춥니다. 우리에게 믿음이 있다는 것은 우리 죄를 주님께 고백한다는 것입니다. 주님께 나아가 자신의 죄를 자백할 만큼 주님을 믿는 사람은 구원에 이르는 믿음을 가지고 있습니다.

우리에게 없는 것은 '확신'이지 '믿음'이 아니다

우리 가운데 '믿으려고' 무척이나 노력했는데도 잘 되지 않는 사람이 있다면, 잘 생각해보기 바랍니다.

"자신의 죄를 하나님께 자백한 적이 있습니까?"

그러면 우리는 다음과 같이 대답할 것입니다.

"그렇습니다. 벌써 오래전에 자백했습니다. 그리고 이후로도 수없이 자백해왔습니다."

좋습니다! 이제 요한일서의 이 구절을 다시 한 번 읽어보시기 바랍니다. 그러면 우리가 이미 구원을 받았다는 것과 이미 하나님의 자녀가 되었다는 것을 깨달을 것입니다. 나는 우리의 모든 죄가 은혜로 용서받았음을 하나님 말씀의 권세로 선포할 권리를 지니고 있습니다.

만일 우리가 우리 죄를 자백하면 그는 미쁘시고 의로우사 우리 죄를 사

인간은 그 누구도 죄를 용서할 수 없습니다. 오직 하나님만이 죄를 용서하실 수 있습니다. 그러나 우리는 누군가 하나님께 용서받았음을 믿지 못하여 힘들어할 때마다 하나님께서 이미 허락하신 용서를 서로에게 선포할 수 있도록 허락받았습니다.

우리 가운데 누군가는 하나님께서 자신의 죄를 용서해주셨음을 믿지 못해 매우 힘들어하고 있을 수 있습니다. 그러나 나는 그가 실수하고 있다는 사실을 잘 알고 있습니다. 하나님께서 요한일서의 이 구절에서 우리의 죄를 용서해주셨다고 분명히 말씀하고 계시기 때문입니다. 따라서 우리가 하나님의 용서를 받았음을 말씀의 권세로 선포하는 것입니다.

그리스도께 나아가 자신의 모든 죄를 자백했습니까? 그렇다면 우리는 이미 용서를 받았습니다. 그렇다면 우리는 이미 믿음으로 구원받았습니다. 한동안은 구원과 관련된 기쁨과 평화와 확신이 잘 느껴지지 않는다 해도 우리는 이미 믿음으로 구원을 받았습니다. 이 부분이 바로 우리가 믿음을 오해한 지점입니다. 우리는 우리가 구원받았음을 믿는 것에 대해, 우리가 하나님의 자녀가 되었음을 믿는 것에 대해 늘 말해왔습니다. 그러나 성경은 그런 것에 대해 아무것도 말하지 않습니다. 성경은 오직 그리스도를 믿는 것에 대해 혹은 그것과 동일한 것으로 하나님을 믿는 것에 대해 말합니다. 지금 우리에게 없는 것이 있다면, 그것은 확신이지 믿음이 아닙니다.

구원은 우리의 감정이나 느낌과 관계없다

우리는 구원이 우리 안에서 일어나는 것이라 생각했습니다. 우리 안에서 구원이 일어나자마자 하나님의 자녀로서 기쁨이나 평화나 확신과 같은 복된 감정들을 체험하게 될 것이라 생각했습니다. 우리는 용서라는 것이 우리 안에서 일어나는 것이 아니라 하늘에서 일어나는 일임을 망각했습니다. 하나님께서 죄인을 용서해주실 때 하늘에서 어떤 일이 일어나는지 아십니까? 성경의 상징을 이용해 간략히 묘사해보겠습니다.

어떤 죄인이 자신의 죄를 자각하고 구원에 이르기 위해 분투하기 시작할 때 일반적으로 땅에서는 큰 소동이 일어나지 않지만, 하늘에서는 집중적인 관심을 보입니다. 다음의 성경 구절을 읽어보시기 바랍니다.

내가 너희에게 이르노니 이와 같이 죄인 한 사람이 회개하면 하늘에서는 회개할 것 없는 의인 아흔아홉으로 말미암아 기뻐하는 것보다 더하리라 눅 15:7

내가 너희에게 이르노니 이와 같이 죄인 한 사람이 회개하면 하나님의 사자들 앞에 기쁨이 되느니라 눅 15:10

이러므로 우리에게 구름 같이 둘러싼 허다한 증인들이 있으니 모든 무거운 것과 얽매이기 쉬운 죄를 벗어 버리고 인내로써 우리 앞에 당한 경주를 하며 히 12:1

하늘의 천군 천사와 성도들은 우리가 우리의 영적 각성을 이끌었던 그 빛 앞에 멈추어 섰던 순간부터 우리를 주시했습니다. 그들은 우리가 세상에서 돌아서서 눈부시게 환한 그 빛을 향하여 나아가기 시작하는 것을 보았습니다. 우리는 그 빛을 향해 나아가면 갈수록 상황이 더욱 악화되는 것 같은 느낌을 받았습니다. 그 빛에 가까이 갈수록 우리의 죄가 더욱 분명히 보이기 시작했기 때문입니다. 마침내 우리는 우리의 죄 말고는 아무 것도 보이지 않는 상태에 이르게 되었습니다. 무엇을 말하든지, 무엇을 행하든지 우리 안에는 죄가 있었습니다. 그래서 우리는 눈부신 이 빛을 받으며 하나님 앞에 섰을 때 뉘우치려는 의지나 구원받고자 하는 의지조차 상실하게 되었고, 그것으로 인하여 우리 마음에 심각한 내분이 일어났습니다. 더욱이 우리는 우리 자신의 힘으로는 우리가 처한 상황을 개선할 수 없다는 것을 알게 되었습니다. 그때 우리는 무엇을 했습니까?

우리는 모든 신실한 영혼들이 우리와 같은 비탄에 빠졌을 때 의지했던 것을 했습니다. 우리는 물에 빠져 죽어가는 사람이 하는 것을 했습니다. 우리는 우리의 모든 죄를 낱낱이 자백하면서 있는 힘을 다하여 크게 소리쳤습니다. 베드로가 그랬던 것처럼 "주여, 나를 구원하소서!" 하고 비명을 질렀습니다.

그리고 그때 어떤 일이 일어났습니다. 우리가 겪고 있는 모든 과정을 계속 지켜보시던 하나님, 그 모든 것을 시작하시고 안내하시고 이끄셨던 하나님께서 우리에게 오셨습니다. 그분께서는 십자가에 못 박힌 손으로 조심스레 우리를 붙잡았고, 수렁에서 건지셨고, 씻기셨고, 자신의 진홍색 피로 눈처럼 희게 만드셨습니다.

그런 다음, 하나님께서는 가장 심각하고 더러운 것에서 가장 사소한 것에 이르기까지 우리의 모든 죄를 낱낱이 기록한 하늘의 책을 꺼내셨고, 자신의 피로 그 모든 것에 즉시 가위표를 그어 지우셨습니다. 그렇게 하나님께서는 우리가 지고 있던 무거운 채무를 말소해주셨습니다. 우리는 이제 모든 빚으로부터 완전히 자유하게 되었습니다. 그러나 하나님께서는 그 이상의 일을 하셨습니다. 우리의 모든 죄를 가져다가 자신의 등 뒤에 있는 바다 깊은 곳에 던져버리셨기 때문입니다(미 7:19 참조).

하나님께서는 이런 단순한 상징을 통해 우리의 죄를 더 이상 기억하지 않으실 것이며, 우리에게도 상기시키지 않겠다는 뜻을 분명히 보여주고자 하셨습니다. 또한 하나님께서는 생명책을 꺼내 우리의 이름을 기입하셨습니다. 그때 우리는 하나님의 자녀가 되었습니다. 하나님께서는 땅이나 지옥이 반박할 수 없는 권세로 그 사실을 선포하셨습니다. 그 사실은 우리의 느낌과는 무관한 것이었습니다. 우리가 무엇을 어떻게 느꼈든지 우리는 그때 하나님의 자녀가 되었습니다. 아무 느낌이 없었다고 해도 우리는 그때 하나님의 자녀가 되었습니다.

왜냐하면 우리의 구원이 우리의 감정에 달려 있는 것이 아니라, 하나님께서 영원토록 변하지 않는 하나님 말씀과 죄인들을 위해 고난과 죽임을 당하신 그리스도의 십자가 공로에 근거하여 죄인을 위해 하시는 일에 달려 있기 때문입니다.

우리의 자백이 '진짜 자백'일까?

예수 그리스도께 나아가 자신의 죄를 자백했습니까? 그렇다면 우리는 이미 죄의 용서를 받은 것이고, 믿음으로 구원을 얻은 것입니다.

그러나 그럼에도 양심적인 영혼을 위로하기는 쉽지 않습니다. 위선적인 영혼은 도움과 위로를 발견할 수 있는 곳이라면 우주 끝까지 달려가 자신을 위해 차곡차곡 축적하려 애씁니다. 반면 양심적인 영혼은 자신에 대한 거룩한 의혹을 가지고 태어납니다. 양심적인 영혼은 스스로 기만하는 자가 되지 않을까 항상 두려워합니다.

양심적인 영혼은 용서에 관련된 하나님 말씀이 충분히 명백하다는 것을 잘 알고 있습니다. 누구든지 죄를 자백하면 용서를 받는다는 것을 확실히 알고 있습니다. 그러나 양심적인 영혼은 자신에게 묻습니다.

"나는 죄를 자백한 것일까? 내가 하나님께 기도하면서 나의 죄에 대해 고백한 것은 명백한 사실이야. 그러나 그것이 성경에서 말하는 '자백'에 해당하는 것일까?"

만약 우리 가운데 지금 그런 문제를 가지고 있는 사람이 있다면, 그를 돕기 위해 한 가지 질문을 해보겠습니다. 어린 시절 말썽을 피운 적이 있을 것입니다. 그리고 부모님 앞에 무릎을 꿇고 그 사실을 고한 경험이 있을 것입니다. 이제 질문을 하겠습니다.

"부모님께 자신이 자백을 했는지 안 했는지 그 이후에 한 번이라도 의심한 적이 있습니까?"

우리는 분명 그런 적이 없다고 대답할 것입니다. 우리는 자신이 부모님께 정말로 자백했다는 것을 분명히 알고 있었습니다. 이유가 무엇일까요? 자백이라는 것이 너무도 단순한 것이기 때문입니다. 우리가 행한 것들을 있는 그대로 말하는 것이 자백이기 때문입니다. 우리의 부모님이 기다린 것이 바로 그것입니다. 부모님은 우리가 자신들을 찾아와 얼마나 슬프게 울고 또 얼마나 공손하게 행동하는지에 대해서는 별반 관심이 없었습니다. 사랑이 담긴 그들의 눈은 오직 한 가지, 곧 나쁜 짓을 저지른 어린 자녀가 모든 진실을 솔직히 털어놓는지 그렇지 않은지를 주시하고 있었습니다.

따라서 우리가 생생하게 기억하고 있는 것처럼 우리가 마침내 부모님께 모든 것을 솔직히 자백했을 때, 그들은 무척 기뻐했습니다. 그들은 우리를 마음으로 받아주었고, 모든 것이 정상으로 돌아왔으니 지난 잘못은 잊어버리라고 말했습니다.

하나님께 죄를 자백하는 것은 그 이상으로 복잡하지 않습니다. 하나님께서 우리에게 기대하는 모든 것은, 우리 양심이 상기시켜주는 데까지 우리의 모든 죄를 온전히 인정하고 하나님께 고하는 것입니다. 그렇게 했다면, 우리는 우리의 죄를 자백한 것입니다. 그리고 성경은 우리가 이렇게 죄를 자백할 때 하나님께서 죄를 용서해주신다고 말씀합니다. 이를 위해 하나님께 감사하시기 바랍니다. 지금 즉시 감사하십시오. 우리의 감사로 하나님을 기쁘시게 해드리기 바랍니다.

그럼에도 양심적인 많은 영혼들은 자신이 여전히 스스로를 기만하고 있는 것은 아닌지 염려합니다. 그래서 다음과 같이 질문합니다.

"과연 나는 모든 것을 자백했는가?"

그들이 왜 그런 질문을 하는지 나는 잘 알고 있습니다. 회개한 이후, 그들은 하나님께 모든 것을 자백했다고 생각하면서 얼마 동안 하나님과 동행하는 삶을 살았습니다. 그러던 어느 날 과거에 저질렀던 한 가지 죄에 대한 기억이 갑자기 떠오릅니다. 어떤 사람에게 잘못을 범하고도 충분히 보상하지 않고 그냥 지나갔던 일이 문득 뇌리를 스칩니다. 혹은 이전에는 소경처럼 눈이 멀어 어떤 것이 죄인지도 모르고 살았는데, 나중에야 그것이 죄라는 사실을 문득 깨닫습니다. 그래서 우리는 근심하며 스스로에게 묻습니다.

"하나님께 나의 죄를 자백했을 때 그런 죄들은 간과했으니 나의 자백은 어떻게 되는 거지? 그 모든 게 결국은 자기기만에 지나지 않았던 것인가?"

여기서 다시 한 번 질문하겠습니다.

"죄를 짓고서도 고의적으로 자백하지 않고 하나님께 감추려 한 적이 있습니까?"

이 질문에 대부분은 "아니요, 그런 적은 없습니다. 제가 그런 짓을 할 것이라 생각하십니까?"라고 대답할 것입니다. 그렇습니다. 나는 당신이 그런 짓을 할 것이라 생각하지 않습니다. 하지만 나는 당신이 이 점에 대해 확신하기 바랍니다. 왜냐하면 자신이 알고 있는 모든 죄를 자백한 사람, 무엇이든지 하나님께 고의적으로 감추려 하지 않은 사람은 진정으로 하나님께 자백한 것이기 때문입니다.

성령께서 우리의 죄를 한 번에 지적하지 않으시는 이유

우리는 회개한 이후 시간이 흐르면서 자신의 죄를 점점 더 많이 알게 된다는 사실과 우리의 악함을 체험으로 점점 더 확인하게 된다는 사실로 인해 괴로워할지 모릅니다. 그러나 이런 일은 성령께서 지속적으로 우리의 죄를 지적해주시기 때문에 발생합니다. 우리는 우리 자신의 죄를 깨달을 능력이 없고, 그 죄로 인하여 슬퍼할 능력도 없습니다. 예수님은 성령께서 오시어 죄에 대하여 세상을 책망하실 것이라고 말씀하셨습니다(요 16:8 참조). 우리는 영적으로 각성하여 회개하는 동안 성령께서 지적해주시는 죄 이상의 다른 죄를 볼 수 없고 그런 죄로 인하여 슬퍼할 수도 없습니다.

그런데 대부분의 경우 성령께서는 우리 안에 역사하실 때 우리의 모든 죄를 한 번에 다 지적해주지 않으십니다. 성령께서 우리를 그런 식으로 다루시는 것은, 우리의 모든 죄를 한 번에 다 보여주실 경우 우리가 그것들을 도저히 감당할 수 없기 때문입니다.

이런 사실들은 죄에 대한 우리의 지식이 연속적이고 점진적인 특징을 지니고 있다는 점을 가르쳐줍니다. 따라서 우리는 이전에는 결코 알지 못했던 죄를 점진적으로 의식하게 되었다고 해서 근심하거나 당황할 필요가 없습니다. 이런 전체적인 정돈, 즉 하나님께서 우리의 모든 죄를 한 번에 우리 눈앞에 적시하지 않으시고 점진적으로 알려주시는 것에는 특별히 은혜로운 무엇이 있습니다. 하나님께서는 자신의 자녀들로부터 평화와 자신감을 빼앗지 않기 위해 그렇게 하시는 것입니다.

이는 우리가 우리 자녀들에게 행하는 것과 정확히 같습니다. 우리는 자녀들이 "혹시 엄마 아빠가 나에 대해 못마땅히 여기는 점이 있을까?" 걱정하면서 계속 초조함과 불안함의 상태에 있는 것을 원하지 않습니다. 우리는 자녀들이 가정에서 자유롭고 행복하게 지내기 바랍니다. 다만 우리는 자녀들의 행동이 악한 것이거나 잘못된 것일 경우, 그것을 지적해주어 그들 스스로 경계하도록 하겠다고 자녀들에게 말합니다. 또한 그들이 깨닫지 못할 경우 이를 깨닫도록 알려주며, 그렇게 할 때 그들이 부모의 말에 주의를 기울여 자신의 잘못을 인정하기를 기대한다고 말합니다.

하늘에 계신 우리 아버지께서도 우리를 그런 식으로 다루십니다. 그분께서는 우리에게 말씀하십니다.

"그리스도를 선물로 받아들인 내 자녀야! 자유로움을 느끼며 행복하게 살아라. 네게는 이생에서나 내세에서나 더 이상 필요한 것이 없단다. 그러니 마음으로 감사하고 입술로 찬양하면서 네 삶을 살아라. 소망을 품고 유쾌하게 일상의 일을 수행해라. 죄가 네게 달라붙어 네 안에 온갖 탐욕을 일으키고 있다는 것을 잘 알고 있단다. 그러나 그것 때문에 근심하지 말고 늘 기운을 내라. 내 영(靈)이 네게 늘 경고하여 유혹에 빠지지 않게 지켜줄 것이기 때문이다. 그리고 혹여 네가 유혹에 빠지면 내 영이 네 죄를 일깨워 뉘우치고 자백하게 할 것이고, 그러면 너는 회복되어 용서를 받을 것이야!"

이는 참으로 은혜로운 정돈이 아닐 수 없습니다.

믿음은 '느낌'의 문제가 아니라 '의지'의 문제

지금까지 논한 것들을 곰곰이 생각해보면, 믿음이 많은 사람이 생각하고 있는 것처럼 느낌이나 감정의 문제가 아니라는 사실을 비교적 수월하게 이해할 수 있을 것입니다. 믿음을 본질적으로 느낌의 문제로 간주하는 한, 그것은 변덕스럽고 불안정한 복권과 같은 것이 되어버립니다. 운이 좋으면 엄청난 상금을 획득합니다. 그러나 상금을 획득하지 못할 경우, 그것에 대해 아무것도 할 수 없게 됩니다. 운이 좋을 때 우리는 믿음을 제대로 작동시킵니다. 그러나 그것을 제대로 작동시키지 못하는 경우, 그것에 대해 아무것도 할 수 없게 됩니다. 어떤 이들은 믿음에 대해 정말 그렇게 생각합니다.

그러나 그것은 완벽한 오해입니다. 믿음은 회개와 마찬가지로 '의지의 문제'이기 때문입니다. 이는 성경 말씀에서 명백해집니다. 우선 그것은 "믿으라"는 성경의 권고를 통해 분명히 알 수 있습니다. 성경은 인간의 의지를 향해 언제나 "주 예수를 믿으라"라고 권고합니다.

그 다음, 그것은 성경이 믿음을 '믿음의 순종'이라 일컫고 있다는 사실에서 명백해집니다. 우리가 순종함으로써 무엇을 행하든지 그것이 의지에 관한 문제라는 것은 분명합니다.

그로 말미암아 우리가 은혜와 사도의 직분을 받아 그의 이름을 위하여 모든 이방인 중에서 믿어 순종하게 하나니 롬 1:5

이제는 나타내신 바 되었으며 영원하신 하나님의 명을 따라 선지자들의 글로 말미암아 모든 민족이 믿어 순종하게 하시려고 롬 16:26

마지막으로 그것은 성경이 불신앙을 불순종이라 규정한다는 사실에서 명백해집니다. 헬라어 신약성경에서 '불신앙'을 나타내는 데 사용된 표현은 통상의 헬라어에서 '불순종'을 의미합니다. 불신앙이 불순종이라면 '믿음'은 '순종'입니다. 그리고 순종과 불순종은 모두 의지에 관한 문제입니다.

믿음은 '의지의 문제'이므로 또한 '결단'과 관계되어 있습니다. 우리가 믿음과 관련하여 결단이라는 말을 사용했을 때, 그 말이 의미하는 것이 무엇일까요? 우리는 지금까지 말한 것들을 충분히 고려해 다음과 같이 대답할 수 있을 것입니다.

"믿음과 관련된 결단이란, 성령께서 나의 죄를 자각시켜주실 때 그 역사에 순종하여 하나님 앞에 나아가 나의 죄를 자백할 것인지 아니면 나의 죄를 자각시키시는 성령의 역사로부터 뒤로 물러나, 하나님과 화해하는 것으로부터 물러날 것인지를 결단하는 것입니다."

지금 이 순간, 많은 사람이 여기저기에 앉아 내적으로 깊이 고심하면서 이 책을 읽는 장면이 떠오릅니다. 아마 그들은 이미 자신에게 다음과 같은 질문을 던졌을 것입니다.

"이 책의 저자는 믿음을 의지의 문제로 규정하고 있다. 그렇다면 자연 상태의 인간은 하나님께 속한 것들을 깨닫고 파악할 능력을 완전히 결하고 있다고 말하는 성경과 상충되는 게 아닌가? '나는 나 자신의 이성이나 힘을 통하여 예수 그리스도를 믿을 수 없다고 믿는다!'라는 루터의 선언에 정면으로 상치되는 것이 아닌가?"

언뜻 보면 내가 성경과 루터에게 반박하는 것처럼 느껴집니다. 이 점에 대해 좀 더 깊이 살펴보기로 하겠습니다. 믿음이 의지의 문제라고 말하는 것은, 자연 상태의 인간이 자신의 의지로 하나님을 믿을 수 있음을 의미하지 않습니다. 자연 상태의 인간이 스스로 할 수 없는 일이 있다면, 그것은 바로 하나님을 믿는 것입니다. 자연 상태의 인간은 다른 사람들이나 동물이나 돈을 스스로 믿을 수 있습니다. 심지어 귀신을 믿을 수 있는 것처럼 보이기도 합니다.

그러나 하나님을 믿는 것은 어떻습니까? 우리는 하나님을 스스로 믿을 수 없습니다. 자연 상태의 인간은 하나님을 위험한 존재로 간주해 어떻게 해서든지 하나님으로부터 멀어지려 하기 때문입니다. 따라서 하나님께서 하나님께 적대적이고 반항적인 인간의 마음을 설득하여 하나님을 믿게 하는 이적보다 더 크고 불가해한 이적은 없습니다.

하나님께서는 우리가 영적 각성이라 칭하는 '새로 창조하는' 이적을 통하여 이 일을 하십니다. 그 이적을 '새로 창조하는' 이적이라 일컫는 이유는 하나님께서 어떤 사람을 영적으로 각성시키실 때, 그를 부르시어 살아 계신 하나님께 끌려가는 것 같은 느낌이 들게 하시고, 그로 하여금 하나님 면전에 나아가 모든 것을 감찰하시는 하나님의 눈을 직시하도록 만들기 때문입니다.

이렇게 한 다음, 하나님께서는 방탕함 속에서 과거의 삶을 허비했던 그 사람에게 계속 말을 건네십니다. 하나님께서는 그의 죄와 자신이 그를 위해 이루신 구원에 대해 말씀하십니다. 그리고 그를 기꺼이 구원하실 것이라 말씀하십니다. 바로 이 시점이 믿음의 결단을 해야 하는 시점입니다.

죄인은 이 시점에서 하나님으로부터 멀어져 하나님과 화해하는 것에서 도망칠 것인지 아니면 하나님의 깨우침에 순종하여 자신의 모든 죄를 하나님께 자백할 것인지 결단해야 합니다. 이 결단이 믿음의 결단입니다. 이것은 믿음으로 내려야 하는 결단이요, 믿음에서 비롯되는 결단입니다. 이 결단은 전적으로 믿음에 기초한 담대한 결단입니다.

노르웨이의 평신도 설교자 하우게와 그를 따르던 그리스도인들은 이

것을 완벽하게 찬란한 방식으로 표현했습니다. 그들은 "믿는다는 것은 우리의 죄를 가지고 그리스도께 나아가는 것이다!"라고 말했습니다. 믿음의 결단을 이보다 더 간략하고, 단순하고, 의미심장하게 표현하기란 불가능합니다. 믿음을 구성하는 모든 요소들이 여기에 다 들어 있습니다. 믿음은 그리스도를 믿는 믿음입니다. 그리고 믿음은 죄인이 자신의 모든 죄를 가지고 그리스도께 피난하는 것입니다. 그리고 믿음은 의지의 문제입니다. 믿음은 우리의 모든 죄를 가지고 그리스도께 나아가려는 의지 이외에 아무것도 아닙니다.

병을 치료하는 것은 환자의 믿음이 아니다

그 어떤 죄인이라도 이 믿음만 있으면 충분히 구원에 이를 수 있습니다. 죄인의 믿음이 죄인을 구원하기 때문이 아니라 죄인이 이런 믿음을 보일 때 그리스도께서 은혜를 베푸시어 죄인을 구원해주시기 때문입니다. 죄인을 구원하는 이는 '그리스도'이십니다.

죄인은 그리스도의 구원의 역사를 도울 필요가 없습니다. 그리스도께는 어떤 도움도 필요하지 않습니다. 그리스도께 필요한 모든 것은 죄인에게 '다가가는 것'입니다. 그리고 그리스도께서는 죄인의 믿음에 의해 이런 다가감을 얻으십니다. 죄인이 자신의 죄를 가지고 그리스도께 나아올 때, 그리스도께서는 자신의 구원의 능력을 가지고 죄인에게 다가가 구원을 베푸십니다.

믿음의 이런 국면을 예를 들어 설명해보겠습니다. 어떤 사람이 병이 들었다고 가정합시다. 어느 날, 그는 몸에 이상이 발생했음을 느낍니다. 며

칠 지나면 괜찮아지겠거니 생각했지만 몸 상태는 좀처럼 호전되지 않습니다. 하는 수 없이 그는 동네 병원을 찾습니다. 의사는 큰 병원에 가서 정밀 검진을 받아보라고 말합니다. 그는 큰 병원을 찾습니다. 검사는 오랫동안 신중하게 진행됩니다. 마침내 의사가 그를 부르더니 심각한 표정으로 그에게 말합니다.

"매우 심각한 경우입니다. 치료를 장담하기 어렵습니다. 수술이 불가피하지만, 매우 위험한 수술이라는 것을 미리 알려드리지 않을 수 없습니다. 수술의 성공 여부를 확신하기 어려운 상태입니다!"

이제 그에게 한 가지 질문을 하겠습니다.

"당신이 수술을 받기 위해 해야 할 일이 무엇일까요?"

어리석은 질문입니다. 그러나 그의 마음을 믿음에 관한 통상적인 오해로부터 끌어내기 위해 이런 질문을 한 것이니 이해해주기 바랍니다.

의사는 그를 수술하기 전, 그에게 무엇을 기대할까요? 그가 절대적인 평온함을 보이며 수술 결과를 확신하기를 기대할까요? 그래서 의사를 위로하면서 "선생님, 너무 심각하게 생각하지 마세요. 다 잘될 겁니다!"라고 말해주기를 기대할까요? 그렇지 않습니다. 아니면 그가 행복한 표정으로 진찰실에 앉아, 생사를 좌우하는 수술을 받게 되었다는 사실을 기뻐하기를 기대할까요? 이 역시도 아닙니다.

의사는 익숙하게 보아왔던 환자들의 모습, 곧 걱정에 사로잡혀 절망하는 초췌한 모습, 굵은 눈물이 창백한 볼을 타고 뚝뚝 떨어지는 동안 아무 말 없이 앉아 있는 모습 이외에 아무것도 그에게 기대하지 않습니다.

그러나 의사가 그에게 바라는 것이 하나 있습니다. 만일 그가 그것을 하지 않으면 의사는 수술을 할 수 없습니다. 그것은 그리 대단한 일이 아닙니다. 그것은 바로, 수술을 받겠다는 의사를 표명하는 것입니다. 그가 의사에게 할 수 있는 말이 고작 "선생님, 그래도 친절을 베풀어 수술을 시도해주세요!"라는 말일지라도, 의사는 자신의 일을 썩 잘해낼 수 있습니다. 의사에게 필요한 것은 바로 그가 의사를 신뢰하여 그의 몸을 맡기는 것입니다. 이제 그는 수술을 '받을' 것입니다. 이제 의사가 그의 수술을 '할' 것입니다. 그는 수술실에서 오직 객체로 존재합니다. 그는 의사를 도울 수 없습니다.

오히려 의사는 수술하는 동안 그가 조금이라도 방해가 되지 않도록 조치를 할 것입니다. 그는 마취 주사를 맞아 수술하는 동안 의식을 완전히 잃을 것이며, 그의 몸만 수술실에 존재합니다. 그리고 의사는 그가 무의식 가운데 사지를 계속 움직여 수술을 방해하는 일이 일어나지 않도록 그의 손과 발을 결박할 것입니다. 의사는 그 이후 비로소 수술을 시작합니다. 그리고 실력과 양심을 겸비한 의사는 놀라운 일들을 할 수 있다는 사실을 잘 알고 있는 환자의 주변 사람들은 성공적인 결과를 기정사실로 여길 것입니다.

마침내 수술이 끝나고 그의 얼굴에서 마스크가 제거됩니다. 사람들이 그를 침상에 눕혀 회복실로 데려갑니다. 얼마 후 그는 서서히 의식을 회복합니다. 수술을 맡았던 의사가 병실로 들어옵니다. 그가 밝은 표정으로 말합니다.

"최대한 안정을 취하세요. 다시 건강해질 것입니다!"

아직 몸을 자유롭게 움직일 수 없다는 사실이 안정을 취하는 것을 방해합니다. 그는 생각에 잠깁니다.

'다시 건강해진다고? 그건 불가능해! 나는 수술을 받기 전에 무척이나 아팠어. 그런데 수술을 받고 난 지금은 더 아프잖아!'

다음 날, 의사가 다시 그의 병실을 찾아와 말합니다.

"모든 것이 잘되어 가고 있습니다!"

그는 다시 생각합니다.

'잘되어 가고 있다고? 어제는 너무 아파서 한숨도 못 잤는데 오늘은 훨씬 더 아프잖아.'

수술 부위가 너무 아파 그는 온몸의 진이 다 빠져버립니다.

다음 날, 의사가 다시 그의 병실에 찾아와 모든 것이 잘되어 가고 있다는 말을 되풀이합니다. 그런데 어찌된 일인지 그날 그는 자신의 몸 상태가 조금 좋아졌다는 것을 인정하지 않을 수 없습니다. 그렇게 보름쯤 지난 뒤, 그는 의사의 말이 옳았음을 완전히 인정하게 됩니다. 의사가 그의 생명을 구했음을 인정하게 된 것입니다. 의사는 그 사실을 수술 즉시 알았지만, 그는 고통이 떠난 뒤 질병의 원인이 그의 몸에서 제거되었음을 알게 된 후에야 비로소 확신하게 됩니다.

수술의 고통은 '생명의 징표'이다

내가 무슨 의도로 이런 말을 하는지 잘 알고 있을 것입니다. 이 이야기와 영혼의 구원 사이에는 실로 주목할 만한 유사성이 있습니다. 우리의 영혼 역시 아픕니다. 죽을 만큼 아픕니다. 그것은 대대적인 수술에 의해서만 다시 살아날 수 있습니다. 그리고 그 수술을 담당할 수 있는 의사는 모든 영혼의 치료자이신 '예수 그리스도' 한 분뿐이십니다. 그분께서는 정말로 우리 영혼을 치유할 수 있으십니다. 그분은 단 한 차례의 수술도 실패한 적이 없으십니다.

그렇다면 예수 그리스도께 수술을 받기 위해 우리가 해야 할 일이 무엇일까요? 먼저, 우리가 아프다는 사실을 깨달아야 하고, 다음은 우리 죄를 가지고 그분께 나아가야 합니다. 그것이 바로 그분께서 우리에게 기대하는 모든 것입니다. 많은 사람들은 하나님의 자녀가 되는 즉시 행복을 맛보고 평화와 확신을 얻게 될 것으로 생각합니다. 그리고 그런 것들을 얻지 못하면 자신이 하나님의 자녀가 되지 않았다고 생각합니다.

그러나 그런 생각은 순서를 거꾸로 배열하는 것입니다. 물론 하나님의 자녀들이 평화와 확신을 기대하는 것은 합당합니다. 그리고 하나님 자녀들은 결국 행복을 맛볼 것이고, 온전한 확신을 얻을 것입니다. 하지만 시작부터 그런 것은 아닙니다. 시작은 고통스럽습니다. 왜냐하면 하나님의 자녀로서의 삶이 대대적인 영적 수술로 시작되기 때문입니다. 이 수술은 하나님이 하십니다. 그리고 우리가 믿는 그 순간 하나님께서 수술을 시작하십니다.

하나님께서 우리에게 기대하시는 모든 것은 '믿음'뿐입니다. 하나님을 신뢰하는 것, 우리 영혼의 질병을 가지고 하나님께 나아가는 것, 우리 죄를 아무것도 숨기지 않고 하나님께 자백하는 것입니다. 환자가 의사의 손에 자신을 맡기는 것처럼 우리 자신을 그분의 돌보심에 온전히 맡기는 것입니다.

그리스도께서는 이런 종류의 수술에 수반되는 아픔과 고통을 잘 아십니다. 따라서 회개의 수술이 진행되는 동안 우리가 기쁨이나 평화나 확신을 많이 느끼지 못해도 결코 놀라거나 이상하게 보지 않으십니다. 지금 체험하고 있는 영혼의 고통이나 마음의 불안함으로 인해 당황하면 안 됩니다. 자신에 대한 불만족, 자신에 대한 경멸이나 혐오감, 자신의 끝없는 죄악으로 인한 절망, 무감각과 뜨거운 감정의 결여, 의지의 냉담함, 자신이 지금 겪고 있는 마음의 동요 등 이 모든 것은 수술의 결과로 발생하는 아픔일 뿐입니다. 그리스도께서 죄의 종기를 절개하실 때에 죄인이 아픔을 느끼는 것은 지극히 당연한 것입니다.

그러나 기운을 내시기 바랍니다. 이런 고통들이 위험한 것이 아니기 때문입니다. 그것들은 산통(産痛)과 마찬가지로 '생명의 징표'이지 '죽음의 징표'가 아니기 때문입니다.

믿음 vs 확신

지금까지 논한 이야기들을 되짚어보면, 내가 '믿음'과 '확신'의 구별을 계속 염두에 두고 논지를 전개해왔다는 점을 어렵지 않게 알 수 있을 것입니다.

나는 우리가 믿음으로 구원받는 것이지 확신으로 구원받는 것이 아니라는 사실 안에 들어 있는 위안을 명백히 부각하기 위해 노력했고, 그 믿음은 우리의 모든 죄를 가지고 그리스도께 나아가는 것 외에는 아무것도 아니라는 점을 밝히려고 애썼습니다. 하지만 우리 가운데는 고개를 갸우뚱거리며 질문하는 이들이 있을 것입니다.

"믿음과 확신은 똑같은 것이 아닙니까? 그 둘을 구별하는 게 가능합니까? '믿음은 바라는 것들의 실상'(faith is assurance of things hoped for, NASB)이라고 히브리서 11장 1절이 말씀하고 있지 않습니까?"

나는 이 질문에 "물론 그렇습니다. 히브리서 기자처럼 완전히 발전된(developed) 형태의 믿음이 무엇인지 진술하고자 한다면, 말끝을 흐리지 말고 '믿음은 확신이다'라고 말해야 합니다. 건강하고 정상적인 모든 믿음은 확신으로 발전해야 합니다!"라고 대답하고 싶습니다. 이것은 우리가 '사람'이라는 단어를 말할 때와 정확히 같습니다. 우리는 '사람'이라는 단어를 말할 때 완전히 발육된(developed) 어른의 의미로 사용합니다. 그러나 완전히 발육된 이 사람이 어린아이로 인생을 시작했다는 사실을 부정하려는 이는 아무도 없을 것입니다. 또한 그 사람이 어린아이였을 때에도 사람이었다는 점을 부정하려는 이도 없을 것입니다. 어린아이는 완전히 발육된 사람은 아니지만, 그렇다고 사람이 아닌 것도 아니기 때문입니다.

내가 깨달은 바에 의하면, 믿음과 확신에 대해 가장 명백하게 가르치는 하나님 말씀은, 로마서 8장 16절과 갈라디아서 4장 6절과 3장 26절입니다. 먼저 로마서 8장 16절은 죄인이 하나님의 자녀라는 확신을 어떻게 받는지에 대해 말합니다.

> 성령이 친히 우리의 영(靈)과 더불어 우리가 하나님의 자녀인 것을 증언하시나니 롬 8:16

하나님의 영께서 우리의 영과 함께 우리가 하나님의 자녀라는 것을 증언하신다는 의미입니다. 성령의 증언은 우리에게 견고하고도 아름다운 확신을 줄 것입니다. 그런데 갈라디아서 4장 6절은, 우리가 하나님의 자녀가 되고 난 뒤에야 비로소 하나님의 영과 그 영의 증거, 즉 확신을 받게 된다고 가르칩니다.

> 너희가 아들이므로 하나님이 그 아들의 영을 우리 마음 가운데 보내사 아빠 아버지라 부르게 하셨느니라 갈 4:6

위의 두 구절은 우리가 '확신'에 의해, '성령의 증언'에 의해 하나님의 자녀가 되는 것이 아니라고 가르칩니다. 그렇다면 우리가 어떻게 하나님의 자녀가 되는 것일까요? 이에 대해서는 갈라디아서 3장 26절이 대답합니다.

> 너희가 다 믿음으로 말미암아 그리스도 예수 안에서 하나님의 아들이 되었으니 갈 3:26

이 세 구절은 믿음과 확신의 관계에 대해 빛을 비추어줍니다. 믿음은 구원을 받기 위한 조건입니다. 반면에 확신은 구원의 열매요, 결과입니다.

온전한 확신

그러나 동시에 우리는 확신이 '믿음의 확신'이라는 점을 주목해야 합니다. 씨앗과 완전히 자란 식물 사이에 유기적 관계가 성립하는 것처럼 믿음과 확신 사이에도 내적인 유기적 연관 관계가 성립합니다. 믿음은 죄인의 심령 안에서 작은 씨앗으로 시작됩니다. 슬픔으로, 걱정으로, 갈망으로, 죄 가운데 사는 것을 더 이상 참을 수 없는 상태에서, 모든 죄를 가지고 그리스도께 나아가게 하는 담대함을 주는 상태에서 시작됩니다.

일반적으로 처음에 믿음은 슬퍼하는 것, 탄식하는 것, 질문하는 것, 의심하는 것, 탐색하는 것, 흐느끼는 것으로 이루어집니다. 처음에 믿음은 자기 자신을 의심합니다. 자기 자신의 존재를 의심합니다. 그러나 성령께서 우리 안에서 시작하신 선한 일을 계속하시도록 우리가 순복(順服)하면, 성령의 수술이 치유를 낳고 우리의 상처를 말끔히 치료합니다. 우리 영혼은 하나님 말씀에 친숙해지고 자신이 선물로 받아 소유하고 있는 것, 즉 하나님의 아들을 보기 시작합니다.

그리고 그럴 때 믿음과 관련된 슬픔과 불안은 사라지고, 믿음의 확신이 발달하기 시작합니다. 구원이 정말로 길을 잃은 영혼을 위한 것이고, 하나님께서 경건하지 아니한 자들을 의롭다 하신다는 사실을 알기 시작합니다. 이제 믿음은 확고한 기쁨의 믿음이 됩니다. 그렇게 믿음은 성숙한 상태, 즉 '온전한 확신'에 도달합니다.

우리가 우리의 모든 죄를 가지고 그리스도께 나아가 자백했는데, 아직 확신을 얻지 못하고 행복을 발견하지 못했다면 분명 다음과 같이 질문할 것입니다.

"확신을 얻으려면 무엇을 해야 합니까?"

그렇다면 무엇을 하면 안 되는지부터 알려드리겠습니다. 지금까지 해 왔던 것처럼 하지 마시기 바랍니다. 허둥지둥 질척대면서 확신을 구하지 말라는 의미입니다. 오늘날 많은 사람들이 그렇게 하고 있습니다. 확신을 얻어야 비로소 구원을 받는다고 생각하기 때문입니다. 그러나 우리는 이미 믿음으로 구원을 받았습니다. 따라서 절대 황망하게 서둘지 마시기 바랍니다. 물론 확신을 구하는 것은 합당합니다. 확신을 구할 때, 우리는 하나님께서 약속하신 모든 것과 우리에게 필요한 모든 것을 위해 바라는 것처럼 기도해야 합니다. 그러나 걱정하지 말고 기도해야 합니다. 하나님께서 우리에게 확신을 주실 것이기 때문입니다.

그리고 우리 안에서 믿음을 일으키신 이가 성령이신 것처럼, 우리 안에서 확신을 일으키시는 이 또한 성령이시라는 것을 기억해야 합니다. 성령께서는 우리가 온전한 확신을 얻고 믿음 안에서 행복을 맛볼 때까지 그리스도에 대해 계속 설명해주는 것을 무엇보다 더 기뻐하십니다.

그러나 성령께서는 '수단'을 통하여 역사하십니다. 따라서 은혜의 수단들을 활용하시기 바랍니다. 그리고 하나님 말씀을 읽을 때, 그 말씀을 사용하시어 우리를 준비시켜달라고 구하시기 바랍니다. 성령께서 확신을 주시는 그 순간을 위해 우리를 준비시켜달라고 기도하십시기 바랍니다. 그리고 성만찬 예식에 참여하시기 바랍니다. 어떤 사람은 이렇게 물을지 모릅니다.

"하지만 확신도 없는 제가 성만찬에 참여해도 되는 것입니까?"

참여해도 됩니다. 자신의 죄를 가지고 매일 그리스도께 나아가는 사람은 확신이 있든 없든 상관없이 누구나 성만찬에 참여할 수 있습니다. 또한 하나님께서는 성만찬의 신성한 신비를 통해 우리 믿음을 강하게 하시고, 그것에 활력을 주실 것입니다. 또한 이를 통해 우리가 성숙한 사람으로 성장하여 그리스도의 온전하심에 이르게 하실 것입니다(엡 4:13).

우리는 무엇보다 기도에 힘써야 합니다. 우리가 확신을 얼마나 갈망하고 있는지, 일상의 삶을 통하여 믿지 않는 사람들을 그리스도께 가까이 데려오려면 확신이 우리에게 얼마나 필요한지 주님께 아뢰시기 바랍니다. 확신의 결여로 인하여 우리 삶이 종종 슬프고 어둡고 침울해지면 일상에서 매일 접하는 사람들이 그리스도께 아무런 매력을 느끼지 못할 것이므로 확신을 달라고 구하시기 바랍니다. 믿지 않는 사람들 가운데 살면서 주님을 더욱 잘 섬기려면 확신과 기쁨과 능력이 필요하다고 아뢰시기 바랍니다. 그러면 주님께서 주실 것입니다.

어느 화창한 날 혹은 어느 컴컴한 밤, 전혀 예상하지 못한 순간에 그것이 찾아올 것입니다. 주님께서 하나님 말씀 가운데 간략한 말씀 한 토막을 들어 이적을 일으킬 것이요, 그것을 투명한 유리처럼 우리에게 명쾌하게 설명해주실 것입니다. 그러면 우리는 그 말씀을 통하여 지금 그 자리에서 저 너머에 있는 영원하고 무한한 은혜의 세계를 있는 그대로 보게 될 것입니다. 우리는 이전에 결코 본 적 없는 십자가, 보혈, 어린양, 상처를 보게 될 것입니다. 이전에는 왜 그런 것들을 보지 못했는지 도무지 이해하지 못할 정도로 모든 것을 너무나도 명백하게 보게 될 것입니다.

우리는 믿는 친구들과 함께 모였을 때, 그것에 대해 말하고 싶은 의욕을 느낄 것입니다. 또한 그들에게 말하자마자 그들도 그 모든 것을 명백하게 보게 되리라 확신하게 될 것입니다. 그러나 무척이나 놀랍게도, 막상 그들에게 그런 이야기를 하면 그렇게 되지 않는다는 것을 알게 될 것입니다.

그 첫째 이유는, 우리가 보았던 그 놀라운 것들을 다른 이들에게 명백히 설명하는 것이 너무 어렵기 때문이며, 둘째 이유는, 우리의 말을 들어도 우리 친구들 마음이 이전처럼 그대로 남아 있기 때문입니다.

그것은 충분히 예상해야 했던 일입니다. 왜냐하면 그들 역시 우리와 마찬가지로 그 모든 것을 하나님께서 정하신 때에 하나님으로부터 받아야 하기 때문입니다. 어떤 것들은 하나님께서 아주 높이 올려놓으셔서 우리의 손이 닿지 않습니다. 그런 것들에 이를 수 있는 유일한 길은 하나님께서 이적을 베푸시어 그런 것들을 우리 마음에 넣어주실 때뿐입니다. 오직 그럴 때에 믿음은 확신이 됩니다. 그리고 확신이 될 때에 믿음은 기쁨과 감사로 가득 채워집니다. 우리의 믿음이 슬퍼하며 탄식하는 믿음으로 자연스레 시작되었던 것처럼 기뻐하며 감사하는 믿음으로 자연스레 성숙하게 됩니다.

CHAPTER 09

친밀함 속으로

—

하나님과 가까이에 있는 기회를 놓쳐서는 안 된다

주께서 대답하여 이르시되 마르다야 마르다야
네가 많은 일로 염려하고 근심하나 몇 가지만 하든지 혹은 한 가지만이라도 족하니라
마리아는 이 좋은 편을 택했으니 빼앗기지 아니하리라 하시니라 눅 10:41,42

마르다에게 하신 예수님의 권고

우리가 복음서에서 예수님에 대해 읽는 대부분은 예수님의 공생애에
관한 것들입니다. 그리고 성경 본문에서 우리는 그 중심에 있는 한 가지
장면을 만나게 됩니다. 예수님은 가장 친한 친구들 가운데 베다니에 사는
세 오누이, 나사로와 마르다와 마리아의 집을 방문하는 중이십니다. 이
장면에서는 대화가 바로 시작됩니다. 제자들은 예수님의 말씀을 조용히
경청하며 앉아 있습니다. 그들은 예수님과 함께 있는 것이 얼마나 복된
느낌을 주는지 잘 알고 있습니다. 그리고 이처럼 조용한 시간에 하나님나
라의 신비로움에 대한 새로운 깨달음을 얻기를 고대하고 있습니다.

동생 마리아는 모든 것을 잊고 즉시 대화에 열중합니다. 한마디라도 놓
칠세라 최대한 예수님께 가까이 다가가 앉습니다. 반면 언니 마르다는 손
님을 맞은 집 주인으로서 자신의 책임에 대해 생각합니다. 그리고 부지런

히 음식을 준비합니다. 마르다 역시 방에서 일어나는 대화에 관심을 가지고 있습니다. 그러나 식사를 준비하느라 너무 분주하기 때문에 이따금 한두 마디만 듣습니다. 마르다는 부지런히 부엌을 드나들면서 마리아를 볼때마다 마음이 불편해집니다. 마침내 그녀는 더 이상 참지 못하고 방으로 들어가 대화를 중단시킵니다. 그리고 예수님께 청합니다.

"주님, 마리아를 내보내 식사 준비를 도우라고 하세요! 그러면 최대한 빨리 식사를 끝마치고 모두 둘러앉아 주님 말씀을 들을 수 있을 거예요!"

그러나 예수님은 언니의 식사 준비를 돕지 않는다고 마리아를 꾸짖지 않으십니다. 오히려 온유하고도 엄하게 마르다를 책망하십니다. 예수님도 그 두 자매가 자신의 방문에 완전히 다른 반응을 보이고 있다는 점을 주목하셨습니다. 실제적이고 책임감 있는 언니 마르다는 즉각 손님을 대접하기 위해 부엌으로 나갔습니다. 그녀는 사랑하고 존경하는 그 유명한 손님을 높이기 원했고, 그분이 편안하게 머물도록 최대한의 노력을 다했습니다. 반면에 동생 마리아는 모든 것을 잊고 예수님 말씀에 몰입했습니다. 그리고 그렇게 함으로써 예수님을 매우 기쁘시게 해드렸습니다. 그래서 예수님은 "마리아는 이 좋은 편을 택했으니 빼앗기지 아니하리라"(눅 10:42)라고 말씀하셨습니다.

또한 예수님은 언니 마르다에게는 이렇게 말씀하셨습니다.

"네가 염려하고 근심하는 것들은 모두 합당하고 좋은 것이다. 네 의도가 선하다는 것을 잘 알고 있다. 그러나 현재로서는 대접하고 먹는 것보다 훨씬 더 중요한 것이 있단다. 너에게는 지금 내 앞에 앉아 말씀을 들을 기회가 있어. 그러나 그 기회는 곧 지나가 다시는 돌아오지 않을 것이야!"

이어 예수님은 마르다에게 한 가지를 권고하셨습니다. 그 권고의 중요성은 당시 상황을 넘어 무한히 확대됩니다. 그 권고란 인생의 많은 것들 가운데 필요한 것이 하나 있으니, 그것은 바로 예수님이 말씀하실 때 조용히 경청하는 것이었습니다(눅 10:42 참조).

마르다 같은 영혼들이 빠지기 쉬운 함정

오늘날 마르다와 같은 영혼들이 많이 있습니다. 어느 시대에나 그렇습니다. 그리고 그들은 종종 가혹한 판단을 받습니다. 설교자들이 이 구절에 대해 설교할 때 대체로 마르다는 그다지 호의적인 대접을 받지 못합니다. 그러나 마르다가 믿는 영혼이었다는 점을 망각하면 안 됩니다. 이는 나사로가 죽은 뒤 그녀가 예수님과 나누었던 대화에서 명백히 드러납니다. 요한복음 11장 20-27절을 잘 읽어보시기 바랍니다. 그리고 그녀의 염려와 근심이 구세주를 높이고, 그분께 기쁨을 드리기 위한 것이었다는 점 또한 망각하면 안 됩니다.

마르다는 예수께서 오신다는 말을 듣고 곧 나가 맞이하되 마리아는 집에 앉았더라 마르다가 예수께 여짜오되 주께서 여기 계셨더라면 내 오라버니가 죽지 아니하였겠나이다 그러나 나는 이제라도 주께서 무엇이든지 하나님께 구하시는 것을 하나님이 주실 줄을 아나이다 예수께서 이르시되 네 오라비가 다시 살아나리라 마르다가 이르되 마지막 날 부활 때에는 다시 살아날 줄을 내가 아나이다 예수께서 이르시되 나는 부활이요 생명이니 나를 믿는 자는 죽어도 살겠고 무릇 살아서 나를 믿는 자는 영원히 죽지 아니하리니 이것을 네가 믿느냐 이르되 주여 그러하외다 주는 그리스도시요 세상에 오시는 하나님의 아들이신 줄 내가 믿나이다 요 11:20-27

마르다와 같은 성실한 영혼들은 거룩한 열정에 의해 자극을 받습니다. 그들은 많은 것을 이룹니다. 그들은 일처리 방법을 잘 알고 있는 실제적인 사람들입니다. 그들은 열정적인 말만 번지르르 앞세우며 계획만 짜는 허풍선이가 아니라 모든 것을 행동으로 보여주는 유능한 사람들입니다. 그들은 예수님의 마음을 기쁘시게 해드리는 것을 목표로 삼습니다. 그러나 이 부분에 대해서는 마리아 같은 영혼들과 달리 성공을 거두지 못합니다.

또한 우리는 동생 마리아가 단순한 몽상가가 아니었다는 점을 기억해야 합니다. 그녀가 움직이는 것을 싫어하거나 게을러서 예수님 발치에 앉아 있었던 것이 아니기 때문입니다. 그녀도 행동하는 법을 알고 있었습니다. 이는 예수님의 방문 몇 주 후 그녀가 예수님의 수난을 예비하여 그 발에 기름을 부은 사건(요 12:1-8 참조)에서 확인할 수 있습니다.

그 사건은 마리아가 예수님 발치에 조용히 앉아 말씀을 듣기로 결단해야 할 때를 알고 있었을 뿐 아니라 행동하기로 결단해야 할 때도 알고 있었다는 것을 보여줍니다. 그리고 그녀는 이전에 예수님이 방문하셨을 때 '조용함'으로써 높이 칭찬을 받았던 것처럼 이번에는 '행동함'으로써 높이 칭찬을 받았습니다.

반면 마르다 같은 영혼들은 안절부절못하면서 오직 외적인 것에만 정신을 쏟는 크나큰 위험에 직면하기 쉽습니다. 그들은 섬겨야 한다는 압박감에 짓눌립니다. 그래서 언제나 분주하게 활동하며 하나님나라 안에 있는 어떤 일에 늘 몰두합니다. 그러나 그들의 다양한 관심이 오히려 그들의 주의를 분산시키고 분할합니다. 그들에게 필요한 한 가지란, 그저 부주의하게 한쪽 끝으로 치우치는 것뿐입니다. 그들은 자신이 기독교 사역에 전념하고 있으므로 예수님 발치에 조용히 앉아 있는 시간을 조금 태만히 해도 전혀 위험하지 않다고 생각하는 것처럼 보입니다.

주님과 보내는 조용한 시간을 소홀히 하려는 유혹

마르다가 선한 의도로 일을 했음에도 예수님은 그녀를 엄히 책망하셨습니다. 이 사실은 예수님이 그녀의 행동에서 심각한 위험을 보셨음을 말해줍니다. 예수님의 책망이 너무 엄해서 당시 마르다는 굴욕감과 억울함을 느꼈겠지만, 예수님은 마르다에게 이 사실을 즉각 깨우쳐주고자 하셨습니다.

지금 우리가 모두에게 엄청난 심각성과 위험을 내포한 논제를 다루고 있다는 점은 의심의 여지가 없습니다. 왜냐하면 마음을 조용히 가라앉히고 주님 앞에 나아가 주님이 말씀하시는 것을 듣지 못하면, 우리 역시 주님의 입술에서 나오는 엄한 책망을 듣게 될 것이기 때문입니다.

우리는 죄와 싸우고 주님과 동행하는 삶을 살면서 더욱 많은 것을 체험할수록, 다른 모든 유혹에 담긴 위험을 전부 합친 것보다 더 큰 위험을 내포한 한 가지 유혹이 우리 옆에 도사리고 있다는 사실을 더욱 확실히 느끼게 됩니다. 그 유혹이란 바로, 주님과 매일 조용한 시간을 갖는 것을 소홀히 하려는 유혹입니다. 이 유혹이 매우 위험한 이유는 다음 두 가지 때문입니다.

첫째, 주님의 발치에 앉는 조용한 시간이 하나님 안에 있는 우리의 삶과 유혹과의 싸움에서 기본적으로 중요하기 때문입니다. 그런 시간을 소홀히 하게 되면, 그리스도인으로서 우리의 삶 전반을 약화시키는 결과를 초래하게 됩니다.

둘째, 우리가 그런 시간을 갖지 못하게 막으려고 혹은 우리가 그런 시간을 가질 때에 이를 최대한 훼방하기 위해 가공할 세력들이 활동하고 있기 때문입니다. 이에 대해서는 상세히 살펴보도록 하겠습니다.

우리는 모두 옛 아담의 본성을 지니고 있습니다. 그리고 주님과 함께하는 조용한 시간보다 이 옛 죄의 본성을 두려움에 떨게 만드는 것은 아무것도 없습니다. 이 옛 아담은 종교의식이나 행위와 같은 우리의 '종교성'을 잘도 참아냅니다. 사실 우리 안에 있는 이 죄의 본성은 하나님을 만나는 위험을 감수하게 되지 않는 한, 기도에 반대하지 않습니다. 우리가 잘 알고 있는 것처럼 이 죄의 본성은 무엇인가 이로운 것을 얻을 수 있는 한, 그리고 무엇보다 자신이 너무 조용해져서 하나님의 음성을 듣게 되는 불상사가 일어나지 않으리라는 것을 확신하는 한, 아주 오랫동안 기도하기도 합니다.

우리 안에 있는 이 죄의 본성은 주님 앞에 나아가 조용히 있는 시간을 죽음으로 여깁니다. 따라서 그런 시간을 회피하기 위해 본능적으로 애를 씁니다. 사도 바울은 "육신의 생각은 하나님과 원수가 되나니"(롬 8:7)라고 했습니다. 따라서 우리의 육신은 우리의 '종교성'에 반대하지 않습니다. 대신 그것은 하나님과의 싸움을 위한 출정의 길 여기저기에 포진해 있습니다.

하지만 하나님을 대적하는 우리 육신은 하나님께 대항하려 할 때나 혹은 우리가 하나님 앞에 나아가 조용히 앉는 것을 막으려고 힘쓸 때나 좀처럼 직접적인 공격을 감행하지 않습니다. 오히려 그런 목적을 이루기 위해 전술을 펼칩니다. 그런 사실이 육신의 공격을 더 위험한 것으로 만듭니다. 우리 안에 있는 옛 아담의 본성은 조용히 주님과 함께하는 시간을 소홀히 하라고 노골적으로 말하지 않습니다. 대신 그런 시간을 갖는 게 불가능하다거나 혹은 그런 시간을 갖는 게 꼭 필요한 것은 아니라는 등 매우 설득력 있는 논거들을 우리 앞에 배열합니다. 이 죄의 본성이 우리에게 제시하는 그럴싸한 논거들은 셀 수 없이 많습니다.

그 종류 또한 우리 삶의 외적 환경에 딱 들어맞는 것에서부터 내적인 영적 상태에 들어맞는 것에 이르기까지 다양하고 내용도 매우 독창적입니다. 그것은 아침마다 우리에게 말합니다.

"어서 출근해야 하잖아. 그럴 시간이 어디 있어!"

오후마다 우리에게 말합니다.

"신경 쓸 것들과 해야 할 일들이 산더미처럼 쌓였잖아. 그럴 시간이 어디 있어!"

저녁마다 우리에게 말합니다.

"하루 종일 스트레스에 시달리고 육체적으로도 지쳤잖아. 어서 쉬어야지 그럴 시간이 어디 있어!"

이 죄의 본성은 하루 세 번이든 한 번이든 우리의 경건의 시간이 최대한으로 짧아져야 하는 이유를 충분한 정도 이상으로 제시합니다. 그리고 많은 사람이 이런 이유들을 경건의 시간을 완전히 중단해버리는 데 대한 충분한 이유로 받아들입니다.

하나님과의 친밀한 교제를 막으려는 마귀

마귀 또한 우리가 경건의 시간을 갖지 못하도록 막는 데에 자신의 모든 노력을 집중합니다. 그런 시간이 우리에게 무엇을 의미하는지 잘 알고 있기 때문입니다. 마귀는 주님의 발치에 앉아 날마다 조용한 시간을 갖는 사람이 난공불락의 요새와 같다는 사실을 잘 알고 있습니다. 그런 시간에 그 영혼이 마귀의 공격을 수포로 돌아가게 하는 무엇인가를 주님으로부터 받기 때문입니다.

물론 그런 영혼도 일시적으로 곁길로 빠질 수 있고 하나님의 뜻을 어길 수도 있습니다. 그러나 그 영혼은 그럴 때마다 즉각 두 팔을 벌리고 기다리시는 예수님의 품으로 피난하고, 이전보다 훨씬 더 강해진 모습으로 돌아옵니다. 사탄은 주님과 만나는 것을 게을리하는 그리스도인보다 더 쉽게 정복할 수 있는 상대가 없다는 것을 잘 알고 있습니다.

우리 마음을 텅 빈 상태로 유지하는 것은 불가능합니다. 우리가 그것을 하나님으로 가득 채우지 않으면 어쩔 수 없이 세상으로 채우게 되기 때문입니다. 그것은 영적 중력법칙을 따라 노골적인 속됨으로든 은밀한 속됨으로든 가라앉게 마련입니다. 그리고 은밀한 속됨의 경우가 가장 일반적이고 가장 위험하다는 사실은 의심의 여지가 없습니다.

그런 심령은 하나님을 낯설어 하게 됩니다. 철저한 자기성찰을 중단하게 됩니다. 이따금 양심이 목소리를 높이지만, 하나님과의 완벽한 화해를 낳을 만큼 큰 목소리를 내지는 못합니다. 그런 영혼은 생명의 기운을 점차 잃어갑니다. 그런 영혼은 피를 흘리며 죽어갑니다.

주님과 함께하는 시간을 게을리하는 것이 성도들에게 그런 치명적인 결과를 초래하는데, 사탄이 그런 일에 자신의 총력을 집중하는 것은 당연한 일 아니겠습니까? 더욱이 사탄은 우리 영혼이 하나님과 친밀하게 교제하는 것을 파괴하는 일에 성공하지 못할지라도, 그것을 약화시키는 것만으로도 대단한 승리감에 도취합니다.

우리 영혼이 하나님의 은혜를 덜 받으면 받을수록 우리의 영적 삶이 그만큼 더 약해지기 때문이며, 죄악에 물든 이전의 생활방식을 정복하려는 열정과 결의가 그만큼 부족해지기 때문이며, 나약한 방어 자세를 취하는 것에 만족하게 되기 때문이며, 비난을 면치 못할 바람직하지 못한 죄의 결과만을 소극적으로 피하기 위해 주의를 기울이게 되기 때문입니다.

사탄이 우리 영혼과 하나님의 친밀한 교제를 약화시키는 것만으로도 승리감에 도취되는 것은, 우리 영혼이 그런 시간을 통하여 하나님의 은혜를 받아들이지 못할 때 반항적이고 나태한 영(靈)이 우리에게 임하여 영적 삶을 마비시키기 때문입니다. 주변의 영혼들과 형제자매들과 하나님의 뜻과 일을 향한 우리의 열심이 너무도 쇠약해져 다른 성도들의 열심에 의해 조금 분발하는 경우가 아니면 좀처럼 밖으로 표출되지 못하기 때문입니다. 또한 시간이나 돈이나 노력을 희생하고자 하는 자발성이 시들고, 우리 삶에서 개혁의 기치를 드높이는 것이나 정복하는 믿음이나 중보의 기도를 더 이상 찾아볼 수 없게 되기 때문입니다.

하나님에 대한 확신이 감소하는 곳에서는 사람과 사람의 방책에 대한 믿음이 증대되고, 그렇게 될 때 은밀한 속됨이 이내 우리의 모든 시간과 주의를 점령하게 마련입니다. 그리고 이것은 다시 성경을 들고 주님 앞에 무릎을 꿇는 시간을 소홀히 하는 데 대한 가중된 이유로 작용하게 됩니다.

기도할 시간은 '얻는 것'이 아니라 '내는 것'

우리는 기도할 시간을 얻을 수 없습니다. 기도할 시간을 내야 합니다. 특별히 중요한 것은 아침에 기도할 시간을 내는 것입니다. 그에 따르는 대가가 무엇이든 기꺼이 지불하시기 바랍니다. 단 하루라도 아침에 주님과 함께하는 시간을 갖지 않고 일상의 소용돌이 속으로 뛰어 들지 않도록 각별히 주의하시기 바랍니다.

아침에 성경을 읽고 기도할 여유를 가질 수 있을 만큼 일찍 일어나시기 바랍니다. 그렇게 했다가 잠이 부족해지거나 충분히 쉬지 못하면 어쩌나 염려하는 사람들이 있다면, 실제적인 충고를 해줄 테니 잘 듣기 바랍니다.

일찍 잠자리에 드시기 바랍니다. 특별히 하는 일도 없이 빈둥거리면서 저녁 시간을 허비하는 사람들이 많습니다. 그렇게 되면 어쩔 수 없이 아침에 그 시간을 벌충해야 합니다. 그러나 그것은 창조주 하나님께서 정하신 방법이 아닙니다. 일찍 잠자리에 들어 숙면을 취하시기 바랍니다. 그러면 충분히 쉬고 원기를 회복한 상태로 아침에 일찍 일어날 수 있을 것이며, 주님과 조용히 만날 여유도 충분히 갖게 될 것입니다. 많은 사람이 하루를 잘못 시작함으로써 자신의 하루를 망치고 또 자신의 인생을 망치고 있습니다.

무엇보다 그들은 아침에 늦잠을 잡니다. 그 결과, 하루 종일 황망하게 서두르게 되고 급하게 돌진하게 됩니다. 찡그린 표정으로 화장실에 가고, 걸신이 들린 것처럼 아침 식사를 꾸역꾸역 입으로 집어넣고, 초조하게 숨을 헐떡이며 직장으로 또는 학교로 향합니다. 그런 식으로 하루를 시작하는 사람들은 나쁜 하루를 보냈다거나 온 종일 긴장감에 짓눌렸다거나 그런 생활을 지속하다가 결국 신경정신과를 찾게 되었다고 놀라면 안 될 것입니다. 그러나 아침에 일찌감치 일어나 여유 있게 단장을 하고, 말씀 묵상과 기도에 넉넉한 시간을 쏟고, 가족들과 함께 느긋하게 아침 식사를 하고, 지각을 하게 될까 걱정하거나 황급히 서두르는 일 없이 여유롭게 집을 나선다면, 우리의 하루는 정말로 달라질 것입니다.

대부분의 사람들은 하루를 어떻게 시작하느냐 하는 것이 그날 하루 동안 자신의 태도에 얼마나 중대한 영향을 끼치는지, 또 자신의 인생 전체와 일에 얼마나 광범위한 영향을 끼치는지 잘 알지 못합니다. 따라서 그런 사람들은 하루를 올바로 시작하는 법을 아는 사람들이 보이는 거룩한 생활의 기교를 배우지 못합니다.

그러나 그렇게 아침 시간에 기도의 골방에 들어갔다고 해서 마귀의 공격이 중단되는 것은 아닙니다. 기도의 골방에 들어가자마자 또 다른 싸움에 직면하게 되기 때문입니다. 기도하기 위해 무릎을 꿇자마자 세상 모든 것이 우리가 기도에 집중하는 것을 막기 위해 맹약을 맺은 것처럼 사정없이 달려듭니다. 온갖 무익하고 엉뚱한 생각들이 사방에서 날아듭니다. 그것들이 어디에서 날아온 것인지 알 수도 없습니다. 마치 우리에게 이상한 자성(磁性)이 있어 그것들이 그냥 끌려오는 것처럼 느껴집니다.

이런 쓸모없는 잡념들을 떨쳐버린 뒤에는 제법 '쓸모 있는' 생각들이 우리의 관심을 요구하면서 등장합니다. 우리는 그날 하루 동안 해야 할 일들에 대해 생각하기 시작합니다. 이런저런 일에 대한 생각이 꼬리에 꼬리를 뭅니다. 그날 하루에 해야 할 일들이 너무 많습니다. 우리는 그것들을 처리할 계획을 짜기 시작합니다. 그것들에 대해 생각하면 할수록 우리의 하루가 너무 짧다는 느낌에 압도됩니다. 그리고 마침내 우리가 기도함으로써 귀한 아침 시간을 허비하고 있다고 느낍니다. 마침내 우리는 최대한 간단하게 기도하고 방을 나옵니다.

우리가 기도의 골방에 들어가 문을 닫은 뒤에도 원수는 교활한 솜씨로 얼마나 쉽게 우리의 허를 찌르는지 모릅니다. 원수 마귀는 우리 생각을 산만하게 하고 우리 자신을 무척 불안하게 만듦으로써 우리 기도시간을 단축시키는 데 성공할 뿐 아니라 완전히 망쳐놓는 것에도 성공합니다. 우리가 조용히 하나님과 함께하는 것을 막으려는 마귀의 공격은 정말로 결정적인 공격이 되고 있습니다.

마리아 같은 영혼들의 삶의 깊은 비밀

마리아 같은 영혼들의 강점은 이런 마귀의 공격을 온전히 의식하고 있다는 것입니다. 그들은 많은 면에서 마르다 같은 영혼들에게 뒤떨어질지 모릅니다. 그러나 그들은 하나님과 함께하는 귀한 시간을 그들 자신의 악한 육신과 사탄의 공격 모두로부터 지키는 법을 알고 있습니다. 그들은

'좋은 편'을 택합니다.

그들은 아삽을 따라 "하나님께 가까이함이 내게 복이라"(시 73:28)라고 노래합니다. 그들은 하나님 가까이에서 영원한 세계의 영광스러운 것들을 주목합니다. 그들은 예수님의 음성을 듣습니다. 예수님은 그들의 죄를 일러주시어 흐느끼며 떨게 만듭니다. 그러나 예수님은 그들에게 죄를 일러주실 때마다 자신의 십자가 상처를 보여주십니다. 그렇게 예수님은 그들 심령에 영적 목마름과 배고픔을 낳으십니다. 그리고 그들에게 뉘우치는 마음과 겸손한 영(靈)을 회복시키십니다. 예수님이 바로 뉘우치는 마음과 겸손한 영과 함께 거하는 분이시기 때문입니다.

이제 그들의 내적인 눈은 십자가로 향해집니다. 그들은 하나님의 어린양을 봅니다. 성령께서 그들에게 그리스도를 설명하시어 그들로 하여금 말로 다할 수 없는 놀라운 안식을 체험하게 하십니다. 그들의 심령이 악할지라도, 그들의 죄가 클지라도 그들은 집 모퉁이의 머릿돌 위에 구원의 집을 건축합니다. 그들은 보이지 않는 팔이 자신들을 붙들고 있음을 느낍니다.

그들은 하나님 가까이에서 유혹과 위험으로부터 보호를 받습니다. 그들은 자신이 아무것도 할 수 없다는 사실에 부끄러움을 느껴 가장 연약해졌을 때, 하나님의 고요한 권고의 음성이 자신을 도와주시는 것을 체험합니다. 그들은 나약한 가운데서 잘 해나갈 때 그것을 자신의 공적으로 돌리지 않습니다. 그들이 패배를 당하여 죄에 떨어지지 않게 막아준 것이 분에 넘치는 하나님의 보호하심과 지켜주시는 은혜라는 것을 잘 알기 때문입니다.

하나님의 사랑과 돌보심이 그들을 압도합니다. 그들은 어찌 설명할 수 없을 만큼 하나님께 단단히 묶입니다. 그들 삶의 모든 것이 하나님을 의지하고 하나님을 중심으로 돌아갑니다. 그들은 모든 것을 하나님께 아룁니다. 자신들의 삶의 가장 사소한 것까지도 낱낱이 아룁니다. 그리고 이것이 그들의 일상을 더욱 풍성하고 흥미롭게 만듭니다.

그들의 내적 삶의 고요함과 풍요로움은 그들의 외적 삶에 균형과 평형을 줍니다. 이 때문에 그들은 번잡하고 소란스러운 하루를 아무 해(害)도 입지 않고 지날 수 있게 됩니다. 그들은 모든 것을 주님과 함께 나누는 것에 익숙해집니다. 따라서 그들은 모든 것을 주님께 가져갑니다. 더욱이 그들은 주님과 함께하는 시간을 지키는 것에 익숙해집니다. 그들은 하루의 번잡함이 거는 최면에 속수무책으로 빠져들지 않습니다. 대신 루터가 그랬던 것처럼 정말로 바쁠 때에는 평소보다 더 많이 기도합니다. 그들은 거기에서 한 걸음 더 나아가 아무리 바쁘더라도 주님과 함께 일을 합니다. 가장 바쁜 시간에도 그들의 영혼은 하나님과의 온전한 교제를 유지합니다.

지금 우리가 마리아 같은 영혼들의 삶의 깊은 비밀에 대해 논하고 있다는 사실을 주목해야 합니다. 그들은 하나님 가까이에 머물러 있는 법을 배웁니다. 그렇습니다! 하나님으로부터 방출되는 능력, 삶의 모든 면에서 우리를 강하게 하는 능력을 체험하려면 하나님 가까운 곳에 머물러야 합니다.

마리아 같은 영혼들의 강점은, 그들이 삶을 살아갈 수 있는 놀라운 능력을 소유하고 있다는 사실입니다. 이런 것들이 마리아 같은 영혼들이 주님께 받는 것, 즉 '좋은 편'에 속한 것들입니다. 그러나 이 '좋은 편'에는 또한 그들이 베풂으로써 체험하는 기쁨도 포함되어 있습니다. 그들은 끊임없이 베풀면서도 그 사실을 의식하지 못합니다. 그들은 정말 어디로 가든지 그리스도의 달콤한 풍미를 나타냅니다.

따라서 마리아는 예수님 발치에 조용히 앉아 있는 것 이상의 일도 했습니다. 그녀는 때가 되었을 때에 행동했습니다. 그리고 무엇을 하든지 진심으로 했습니다. 따라서 주님께서는 그녀가 행하는 것들을 매우 귀하게 여기셨습니다. 요한복음 12장 3-8절을 읽어보시기 바랍니다.

> 마리아는 지극히 비싼 향유 곧 순전한 나드 한 근을 가져다가 예수의 발에 붓고 자기 머리털로 그의 발을 닦으니 향유 냄새가 집에 가득하더라 제자 중 하나로서 예수를 잡아 줄 가룟 유다가 말하되 이 향유를 어찌하여 삼백 데나리온에 팔아 가난한 자들에게 주지 아니하였느냐 하니 이렇게 말함은 가난한 자들을 생각함이 아니요 그는 도둑이라 돈궤를 맡고 거기 넣는 것을 훔쳐 감이러라 예수께서 이르시되 그를 가만 두어 나의 장례할 날을 위하여 그것을 간직하게 하라 가난한 자들은 항상 너희와 함께 있거니와 나는 항상 있지 아니하리라 하시니라 요 12:3-8

여기에서 특별히 "향유 냄새가 집에 가득하더라"라는 구절은 매우 의미심장하게 들립니다. 지속적인 축복의 지류가 마리아 같은 영혼들에게서 시작되어 그들과 접촉하는 모든 사람에게 흘러갑니다. 그들이 말하고 행하는 것에서뿐 아니라 그들의 인격 자체에서 흘러나옵니다. 그들에게는 거룩한 무엇, 영원한 무엇이 있습니다. 우리는 그들이 하나님과 접촉하고 있다는 것을 알아차립니다. 그들 안에서 거룩함의 참된 본질인 하나님과의 접촉을 발견합니다.

예수님은 "나를 믿는 자는 성경에 이름과 같이 그 배에서 생수의 강이 흘러나오리라"(요 7:38)라고 말씀하셨습니다. 마리아 같은 영혼들이 바로 그렇습니다.

빼앗기지 아니할 이 좋은 편을 택했는가?

우리는 이 좋은 편을 택했습니까, 아니면 언젠가 빼앗기게 될 것들을 붙잡고 있습니까?

마리아는 이 좋은 편을 택했으니 빼앗기기 아니하리라 눅 10:42

우리는 자신이 머물고 있는 집을 아끼고 돌봅니다. 아늑한 집을 만들기 위해 할 수 있는 대로 힘씁니다. 그러나 언젠가는 예고도 없이 돌연 그 집과 헤어지게 될 것입니다. 관(棺)이 우리를 그것으로부터 멀리 떨어지게 할 것이기 때문입니다. 그리고 이내 다른 사람들이 약간의 청소를 한 뒤 그 집에 들어와 살 것입니다. 그리고 우리의 흔적을 말끔히 지우기 위해 애쓸 것입니다.

우리는 정원에 있는 꽃들을 좋아합니다. 우리는 그 꽃들을 정성스레 돌보고 가꿉니다. 꽃들의 아름다운 자태와 은은한 향내가 우리를 종종 기쁘게 합니다. 그러나 언젠가는 꽃들이 우리를 위해 마지막 봉사를 하게 될 것입니다. 사람들이 꽃으로 우리의 관(棺)을 치장할 것이고, 그것들은 우리와 함께 무덤에서 시들 것입니다.

우리는 돈을 가지고 있습니다. 우리가 부자이든 가난뱅이든 우리는 그 돈을 사랑합니다. 그러나 언젠가 그것들 역시 빼앗기게 될 것입니다. 다른 사람들이 우리 돈을 나누어 가질 것이고, 우리의 은행계좌는 다른 누군가의 이름으로 명의가 이전될 것입니다. 우리는 자신의 능력을 특별한 의미로 받아들입니다. 어쩌면 우리는 신체적으로나 정신적으로 남다른 능력을 소유하고 있을지 모릅니다. 그러나 언젠가는 그것들도 사라질 것입니다. 얼굴에 붙은 파리를 쫓아내기 위해 팔을 드는 것조차 하지 못하게 될 것입니다.

우리에게는 사랑하는 이들이 있습니다. 우리를 아껴주는 사람들, 친절하게 대해주는 사람들, 그래서 우리가 늘 고맙게 여기는 사람들이 있습니다. 그러나 언젠가는 그 다정한 유대 또한 단절될 것입니다. 그들이 우리 침상 옆에 서서 우리의 이마에서 죽음의 식은땀을 닦아주고, 자신들의 눈에서 눈물을 훔칠 날이 머지않아 올 것입니다. 우리 혼자 죽음의 문으로 들어가야 할 날이 올 것입니다.

우리는 그렇게 아끼고 아끼던 우리의 육신 또한 남들에게 넘겨주게 될 것입니다. 지금은 육신이 건강하고 강인할지 모릅니다. 그러나 늙어 죽음이 임박하면, 그것이 밤낮으로 고통만 안겨주는 무거운 짐이 될 것입니다. 그리고 죽음이 우리에게 볼 일을 다 마치면, 사람들이 재빨리 우리 육신을 가져다가 땅속 깊이 묻어버릴 것입니다.

그렇다면, 금세 빼앗겨버릴 이런 것들을 붙잡고 있는 것보다 결코 빼앗기지 않을 '좋은 편'을 택하는 것이 더 낫지 않겠습니까? 모든 사람이 이 사실을 잘 알고 있습니다. 그래서 그리스도인으로 죽으려고 합니다. 그러나 참으로 이상하게도, 살아 있을 때는 그리스도인으로 살려고 하지 않습니다. 예수님은 말씀하십니다.

"너도 오늘 평화에 관한 일을 알았더라면 좋을 뻔하였거니와 지금 네 눈에 숨겨졌도다"(눅 19:42).

그리고 또 말씀하십니다.

"몇 가지만 하든지 혹은 한 가지만이라도 족하니라 마리아는 이 좋은 편을 택하였으니 빼앗기지 아니하리라 하시니라"(눅 10:42).

CHAPTER 10

간청함으로

—

하나님께 어린아이처럼 구할 때 그분은 우리를 도와주신다

네게 무엇을 하여 주기를 원하느냐 막 10:51

구하는 것을 주시는 예수님

이 성경 구절은 예수님이 바디매오라는 사람에게 하신 말씀입니다. 그 사람은 소경이었습니다. 그 시대의 소경들이 구걸로 생계를 이어가야 했다는 것은 필연적 사실 그 이상이었습니다. 사람들이 그를 가장 번잡한 거리 한복판으로 데려다 주면 그가 거기에 앉아 구걸을 시작했을 것이고, 그러면 행인들이 이따금 동전을 던져주었으리라는 것은 의심의 여지가 없습니다. 아마도 사람들이 그 소경 앞에 서서 동전을 꺼내며 다음과 같은 말을 하지 않았을까 생각해봅니다.

"여기서 그렇게 있지 말고 저 북쪽 갈릴리 지방으로 가보아요. 나사렛 출신의 예수라는 사람이 놀라운 일을 하고 다닌다는 소문이 있어요. 부자든 가난한 사람이든 모든 사람의 병을 공짜로 고쳐준대요. 그뿐 아니라 소경이든 벙어리든 절름발이든 문둥병이든 못 고치는 병이 없대요. 심지

어 죽은 사람을 다시 살렸다는 말도 있어요! 그래서 많은 사람들이 그 사람을 메시아로 믿고 있다지요!"

당연히 바디매오는 당장 갈릴리로 올라가 그 놀라운 사람을 만나고 싶었을 것입니다. 그러나 앞을 보지 못하는 그가 마을과 마을, 갈림길과 갈림길을 지나 어떻게 거기까지 갈 수 있었겠습니까? 아마 바디매오는 나사렛 출신의 그 친절한 사람이 언젠가는 자기가 있는 곳으로 지나가게 되기를, 그래서 자신의 병을 고쳐달라고 청할 수 있게 되기를 소망하면서 어둠 가운데서 하루하루를 지냈을 것입니다.

그런데 어느 날, 정말로 그런 일이 일어났습니다. 그는 거리 어귀에서 들려오는 떠들썩한 소리를 들었습니다. 그는 앞을 볼 수 없었으므로 여느 때처럼 옆에 있는 사람들에게 무슨 일인지 물었습니다. 그리고 옆에 있던 사람 한 명이 대답했습니다.

"나사렛 예수가 왔대요."

애타게 기다리고 바라던 기회가 찾아온 것입니다. 그러나 그는 아무것도 볼 수 없었기 때문에 가능한 한 목청을 높여 크게 소리쳤습니다.

"다윗의 자손 예수여, 나를 불쌍히 여기소서!"

그러나 그가 들은 것이라고는 조용히 하라는 군중의 꾸짖음뿐이었습니다. 그들은 절기를 지키기 위해 갈릴리에서 내려온 사람들이었습니다. 그들은 부정한 사마리아 지방을 직접 통과하기를 원하지 않았습니다. 그래서 요단강 북단을 건너 강 동쪽을 따라 남단까지 내려왔고, 거기서 다시 요단강을 건너 바디매오가 살고 있는 여리고에 이른 것이었습니다. 그들은 유월절을 지키기 위해 예루살렘으로 가는 중이었고, 그 가운데 예수님도 계셨습니다. 군중 대부분은 예수님이 유대인의 큰 명절에 수도 예루살렘으로 올라가 자신을 메시아로 선포할 것이라고 생각했을 것입니다. 예수님과 함께 예루살렘으로 올라가는 떠들썩한 군중은 분명 오싹한 전율을 느꼈을 것입니다.

따라서 그들은 남루한 차림의 거지 하나가 그 축제의 행진을 지연시키거나 훼방하도록 내버려둘 수 없었습니다. 이에 대하여 마가는 "많은 사람이 꾸짖어 잠잠하라 하되"(막 10:48)라고 기록했습니다. 그러나 바디매오는 이것이 유일한 마지막 기회라는 것을 모르지 않았습니다. 그래서 목청을 한껏 돋우어 더 크게 소리쳤습니다.

"다윗의 자손이여, 나를 불쌍히 여기소서!"

그러나 사실 이번에는 그렇게 크게 소리칠 필요가 없었습니다. 군중 사이에서 작은 소동이 벌어졌다는 것을 알아차리실 만큼 예수님이 이미 그에게 가까이 다가오셨기 때문입니다. 예수님은 자신을 향해 소리친 사람이 거리에서 구걸하는 소경이라는 사실을 아셨을 때, 그 소경을 앞으로 데리고 나오라고 사람들에게 명하셨습니다.

바디매오에게는 예수님의 친절한 말씀과 온유한 음성을 들은 것 자체가 이미 말할 수 없는 축복이었습니다. 그 같은 친절과 호의를 받아본 적이 한 번도 없었기 때문이었습니다. 바디매오는 너무나 기쁜 나머지 자신이 앞을 보지 못하는 소경이라는 사실도 잊은 채 겉옷을 내버리고 뛰어일어나 예수께 나왔습니다(막 10:50 참조).

예수님이 단도직입적으로 물으셨습니다.

"네게 무엇을 하여 주기를 원하느냐?"

얼마나 고대하던 순간이었겠습니까. 소경 바디매오는 팽팽한 긴장과 기대 속에서 대답했습니다.

"선생님, 보기를 원합니다!"

"보라!"

그 순간 바디매오는 앞을 볼 수 있게 되었습니다.

그가 가장 먼저 본 것은 예수님이었습니다.

바디매오는 그 길로 예수님을 따르면서 하나님께 영광을 돌리기 시작했습니다. 그리고 이 이야기는 곧장 군중에 퍼졌습니다. 복음서 저자 누가는 이때에 유월절을 지키기 위해 예루살렘에 올라가던 순례자들이 바디매오가 하나님께 감사하며 찬양하는 소리를 듣고 다같이 하나님을 찬양했다고 기록하고 있습니다(눅 18:35-43 참조).

이처럼 예수님이 강력한 역사를 행하시는 모든 길에는 찬양의 노래가 울려 퍼집니다. 이는 우리 삶에서도 그렇습니다. 예수님이 소경의 시력을 회복시켜주시는 장면을 보게 될 때, 새로 회개한 사람들의 찬양의 노래를 들을 때, 노인처럼 기력을 잃고 쇠약해진 그리스도인들이 새로운 활력을 얻고 다시 어린아이처럼 됩니다.

간청자들에게 귀를 기울이시는 예수님

나는 바디매오의 이야기를 좋아합니다. 성경에는 예수님에 관한 놀라운 기사들이 참으로 많습니다. 따라서 그중에서 어떤 것이 자신에게 가장 좋다고 말하기는 쉽지 않습니다. 그러나 나는 바디매오의 이야기를 특별히 좋아합니다. 이 이야기가 우리의 구세주에 대해 잘 묘사하고 있고, 또 그것이 내 마음에 귀한 유익을 주기 때문입니다. 나는 이 이야기에서 왕으로서의 위대함과 선함을 지니고 계신 예수님을 봅니다. 생각해보시기 바랍니다. 예수님은 실로 위대한 왕이신지라 땅의 길을 두루 다니시며 만나는 사람들에게 말씀하십니다.

"네게 무엇을 하여 주기를 원하느냐?"

그리고 가련한 우리가 간청을 내놓을 때 무엇을 구하든지 가득 채워주십니다. 예수님은 왕으로서의 선하심 또한 크신 분이라 간절한 필요를 가지고 그분을 찾는 이들을 절대 외면하지 않으십니다. 가장 위선적인 거짓말쟁이라도, 가장 포악한 폭력배라도, 가장 방탕한 호색한이라도, 가장 천한 거리의 여인이라도, 가장 흉포한 강도라도, 가장 뻔뻔스러운 살인자라도 신실한 마음으로 기도드리면, 예수님은 그 소리를 듣자마자 그들을 바라보시며 말씀하십니다.

"네게 무엇을 하여 주기를 원하느냐?"

우리는 복음서를 읽을 때 예수님이 고통 속에 있는 이들을 먼저 돌아보셨다는 것을 주목하게 됩니다. 예수님의 눈은 언제나 고통당하는 백성들을 탐색하셨습니다. 혹여 지금 이 책을 읽는 사람들 중에 특별히 인생의 무거운 짐에 눌려 몹시도 허덕이는 이가 있다면, 다음 한 가지 사실을 주목하라고 요청하고 싶습니다. 그 사실은 바로, 예수님이 무엇보다 이 땅의 간청자들에게 주의를 기울이신다는 것입니다.

아마 우리는 영적인 소경이 되었을 것입니다. 우리는 해결책을 알지 못합니다. 인생의 짐이 너무 무거워 더 이상 어떻게 지고 가야 할지 알지 못합니다. 그렇다면 놀랍고도 좋은 소식을 전해주겠습니다. 지금 예수님이 우리 앞에 서서 묻고 계십니다.

"네게 무엇을 하여 주기를 원하느냐?"

우리의 짐을 예수님께 가져가지 않는 한, 우리는 무엇을 어떻게 해야 좋을지 모르겠다고 말할 자격이 없습니다. 이 능력의 친구 되시는 예수님이 옆에 계심에도 기꺼이 가지 않는 이유가 무엇입니까? 우리를 위해 죽으신 그분의 도움을 구하지 않는 이유가 무엇입니까? 그분의 도움을 받는 것이 두렵습니까? 우리가 바라는 것 이상으로 도와주실까봐 두렵습니까? 우리의 영적 시력을 회복해 주실까봐 두렵습니까?

영적인 시력을 회복하기보다 그냥 앞을 보지 못하는 상태로 계속 남아 있으려는 사람들이 더 많습니다. 그런 사람들은 하나님과 화해하는 것과 이전의 생활 방식을 부수는 것을 자신들에게 닥칠 모든 불행 가운데 가장 나쁜 불행으로 여깁니다. 아! 세상이 이런 영적 소경들로 얼마나 가득한지 모릅니다.

예수님은 이적을 중단하지 않으신다

그리스도인이 되는 것이 얼마나 큰 기쁨인지 모릅니다. 우리의 모든 부족함을 도와주는 친구, 날마다 우리 앞에 서서 "오늘은 너를 위해 무엇을 해줄까?"라고 묻는 친구가 있는 것에 대해 생각해보시기 바랍니다. 아침마다 이런 질문으로 우리를 깨워주는 친구, 그날 하루에 필요한 모든 것을 말하게 함으로써 하루를 시작하게 해주는 친구가 있는 것에 대해 생각해보시기 바랍니다. 그런 친구가 있을 때, 우리는 투덜대며 불평하기를 중단해야 할 것입니다. 대신 바디매오와 유월절을 지키러 예루살렘으로 올라가던 순례자들이 그랬던 것처럼 하나님께 감사하며 찬양의 노래를 해야 할 것입니다.

우리는 지금 그들이 예루살렘에서 지키려 했던 유월절보다 훨씬 더 큰 절기를 지키기 위해 순례의 길을 가는 중입니다. 우리는 하늘의 예루살렘에서 열리는 영원한 절기를 지키기 위해 길을 가는 중입니다. 그리고 예수님이 우리 가운데 계십니다. 우리 가운데서 놀라운 일들을 일으키고 계십니다. 따라서 예수님의 이름을 찬양하시기 바랍니다. 무척이나 감사하며 행복해하는 친구들이 그분에게 있다는 것을 하늘과 땅이 알 수 있게 큰 소리로 찬양하시기 바랍니다.

그러나 예수님의 친구들 가운데는 예수님이 더 이상 이적을 행하지 않으신다고 믿는 이들이 있습니다. 그들은 예수님이 2천 년 전에 이적을 행하셨다는 것을 의심하지 않으십니다. 그러나 지금도 그렇게 하신다고는 믿지 않습니다.

오늘날 설교자들 가운데는 복음이 주는 교훈으로 거의 주일마다 예수님의 이적을 주제로 설교할 때, 성경 말씀이 '물리적인' 이적에 대해 일광(日光)처럼 명백하게 말씀하고 있음에도 매우 훌륭한 솜씨를 발휘해 오직 '영적인' 의미로만 다루는 이들이 적지 않습니다. 그 결과, 육신의 고통과 한시적인 문제들로 힘들어하는 예수님의 많은 친구들이 강단 아래 긴 의자에 앉아 한숨을 내쉬며 생각하게 됩니다.

"아! 내가 예수님 시대에 살았다면 얼마나 좋을까? 그러면 가장 좋은 옷을 입고 예수님이 계신 곳을 찾아갈 텐데! 그래서 질병과 비참한 것들이 너무도 많은 우리 집으로 모셔올 수 있을 텐데!"

그러나 괴로움에 허덕이는 친구들이여! 예수님은 이적을 중단하지 않으셨습니다. 예수님은 지금도 옛날처럼 이적을 행하십니다. 예수님은 우리를 위해서도 기쁜 마음으로 이적을 베풀고자 하십니다. 예수님이 안식일에 회당에서 말씀을 전하시다가 "귀신 들려 앓으며 꼬부라져 조금도 펴지 못하는 한 여자"(눅 13:11)를 보시고 불러 치유하신 사건을 복음서에서 읽어보지 못했습니까? 예수님은 안식일에, 그것도 바리새인들이 반대하리라는 것을 잘 알고 계셨으면서도 그들 눈앞에서 그녀를 치유하셨습니다. 그러자 바리새인들은 예수님이 안식일이 지날 때까지 기다렸다가 그녀를 치유해야만 했었다고 반론을 제기했습니다. 그러나 이런 그들의 반대에 예수님은 대답하셨습니다.

"열여덟 해 동안 사탄에게 매인 바 된 이 아브라함의 딸을 안식일에 이 매임에서 푸는 것이 합당하지 아니하냐"(눅 13:16).

예수님은 고통에 허덕이는 자신의 백성들을 위해 자신의 이적의 능력을 기쁘게 쓰고자 하셨습니다. 그러나 그들의 불신앙으로 인해 종종 훼방을 받곤 하셨습니다. 우리는 예수님이 그들의 불신앙으로 인해 능력의 역사를 행하지 못하셨다는 기록을 복음서에서 종종 읽습니다. 그리고 또 예수님이 그들의 불신앙을 기이하게 여기셨다는 말씀도 읽습니다.

오늘날 역시 예수님은 우리의 불신앙을 기이하게 여기십니다. 예수님은 우리가 이적을 베풀어달라고 구하기를 기다리십니다. 우리가 지금 고통 가운데 있거나 병들어 있다면, 혹은 우리가 사랑하는 사람들이 그런 처지에 있다면 이적을 베풀어달라고 예수님께 구하시기 바랍니다. 우리가 예수님의 초자연적인 개입을 얼마나 절실하게 필요로 하고 있는지 지금 즉시 아뢰시기 바랍니다. 문제를 해결해주시면 정말로 행복할 것이라고 아뢰시기 바랍니다. 예수님의 도움을 받았을 뿐 아니라 우리의 기도가 응답을 받았다는 사실과 예수님의 이적을 실제로 체험했다는 사실로 인하여 정말로 행복할 것이라고 아뢰시기 바랍니다. 그리고 이적을 위해 기도할 때, 예수님이 자신의 친구들을 위해 권능과 이적을 베푸는 것을 기뻐하신다는 사실을 꼭 기억하시기 바랍니다.

예수님께 요구나 명령을 해서는 안 된다

그러나 한 가지 더 기억해야 할 것이 있습니다. 우리는 예수님께 이적을 베풀어달라고 자유롭게 구할 수 있습니다. 어떤 종류의 이적이든지 베풀어달라고 자유롭게 구할 수 있습니다. 그러나 그분께 이적을 요구하거나 명령을 하면 절대 안 됩니다. 예수님은 그런 것을 용서하지 않으십니다. 예수님은 우리가 예수님께 이적을 요구하거나 명령하는 것을 용인하지 않으십니다. 예수님은 하나님이십니다. 따라서 누구도 예수님께 이적을 요구하거나 명령할 수 없습니다.

우리는 이적을 위해 기도할 때 어린아이처럼 겸손해야 하며, 하나님의 이적이 우리에게 얼마나 절실하게 필요하고 또 우리가 하나님의 이적을 얼마나 간절히 갈망하는지 아뢰어야 합니다. 아마 다음과 같이 단순하게 직접적으로 아뢸 수 있을 것입니다.

"주여! 저희 가정에 치유의 이적을 베푸는 것이 주님의 이름을 영화롭게 하는 것이면 허락하소서! 그러나 주님의 영광을 가리는 것이면 허락하지 마소서! 병이 나아 주님의 영광을 가리는 것보다 저희가 더욱 병들고 아프게 되기를 원합니다. 그러나 그럴 때에라도 은혜와 자비로 또 다른 이적을 베푸시어 질병과 환난을 통하여 주님의 이름을 영화롭게 할 수 있는 힘을 주소서!"

그리고 이런 종류의 이적이 신체적 치유의 이적 못지않게 귀하다는 점 또한 기억하도록 노력하시기 바랍니다.

예수님이 우리에게 원하는 것을 물으시는 이유

예수님은 소경 바디매오에게 무엇을 원하는지 물으셨습니다. 그런데 예수님은 그렇게 묻지 않아도 소경이 무엇을 원하는지 알 수 있지 않으셨을까요?

누군가는 내가 성경이 말하는 것보다 더 많은 것들을 상상하는 일부 성경 교사들처럼 매우 심오한 대답을 하리라 기대하고 있을지 모릅니다. 하지만 나는 그런 대답을 할 수 없습니다. 사실 나는 이 질문에 대한 답을 모릅니다. 그러나 한 가지 사실만큼은 분명히 이해하고 있습니다. 그리고 그것은 위의 질문과 매우 긴밀하게 관련되어 있습니다.

나는 예수님이 자신의 친구들에게 "무엇을 원하니?"라고 물으시는 이유를 이해할 수 있습니다. 나는 예수님께 수없이 무릎을 꿇어온 어떤 사람을 알고 있습니다. 그 사람은 "아멘"이라 말하고 기도를 마칩니다. 그리고 그 자리에 조용히 앉아 기다립니다. 그러면 예수님이 "무엇을 원하니?"라고 물으십니다. 그러면 그는 대답합니다.

"주님, 감사합니다. 하지만 원하는 것은 아무것도 없습니다. 그저 기도하기를 원했을 뿐입니다!"

예수님은 기도의 골방에 들어가 예수님께 그렇게 말하는 친구들을 종종 만나십니다. 그들은 조금이라도 기도하지 않으면 양심이 찔려 괴로워하지만, 막상 기도할 때면 진정으로 바라는 것은 아무것도 없이 '그냥' 기도합니다.

이것은 주(主) 예수님을 근심하시게 만듭니다. 물론 예수님은 우리에게 많은 것들이 필요하다는 사실을 알고 계십니다. 더욱이 하늘에 있는 자신의 창고에 위축되고, 영양실조에 걸리고, 쇠약한 우리 그리스도인들을 건강하고, 강인하고, 행복하고, 활기찬 그리스도인으로 변화시킬 선물들이 가득하다는 것을 잘 알고 계십니다.

그렇다면, 예수님이 "무엇을 원하니? 내게 원하는 것이 있니?"라고 우리에게 묻고자 하시는 이유를 깨달을 수 있을 것입니다. 예수님은 우리가 스스로의 힘으로는 문제를 해결할 수 없다는 사실을 깨닫기 바라십니다. 우리에게 필요한 것을 주실 수 있는 이는 오직 예수님뿐이라는 사실을 깨닫기 바라십니다. 그래서 우리에게 물으십니다.

"무엇을 원하니? 내게 원하는 것이 있니?"

그리스도인의 삶을 처음 시작하던 시절, 우리는 자신이 원하는 것이 무엇인지 분명히 알고 기도의 골방에 들어갔습니다. 그때에는 우리의 필요와 죄 때문에 느꼈던 괴로움이 우리를 강제하여 기도하게 했습니다. 그때 구세주를 근심하게 했던 우리는 세상의 소음과 번잡함과 일에서 잠시 벗어나 구세주께 모든 것을 다 자백하고 나서야 비로소 평화를 찾을 수 있었습니다.

그때 우리는 주님 앞에 엎드려 하염없이 눈물을 쏟았습니다. 그러나 그것은 슬픔의 눈물만은 아니었습니다. 우리가 주님과 다시 화해했을 때, 우리와 주님 사이의 모든 것이 제자리를 잡게 되었을 때, 우리가 정말 이루 말할 수 없는 행복을 맛보았기 때문입니다. 그때 주님은 우리에게 축복의 말씀을 건네셨습니다.

"힘내. 네 죄가 다 용서받았어!"

영적 시력의 문제

소경 바디매오는 자기가 무엇을 원하는지 알고 있었습니다. 그는 보기를 원했습니다. 우리는 서로 다릅니다. 그러나 생각만큼 그렇게 많이 다르지는 않습니다. 그래서 예수님께 바라는 것들을 아뢸 때, 서로 다른 것들을 구하겠지만 우리 가운데 많은 이들이 바디매오처럼 "주여, 보기를 원합니다!"라고 기도할 것입니다.

아마 우리는 우리의 영적 시력에 문제가 발생했다는 것을 알아차린 적이 있을 것입니다. 이전에는 영적인 것들을 잘 보았고 말씀을 읽을 때 모든 것들이 명확하게 보였는데, 어찌된 일인지 잘 볼 수 없다는 것을 느낀 적이 있을 것입니다.

어린아이 같은 단순한 믿음의 눈으로 하나님 말씀을 읽었을 때 체험했던 것들을 기억합니까? 아주 사소한 단어나 어절 속에서 하나님을 보았을 때, 그것들이 엄청난 의미로 다가와 우리의 어리석음을 깨우치는 원천이 되었던 것을 기억합니까? 하나님 말씀에 감격하여 뜨거운 눈물을 뚝뚝 흘리면서 감사의 찬양을 드렸던 것을 기억합니까?

특별히 우리는 주일을 학수고대했습니다. 주일에는 성경을 더욱더 많이 읽을 수 있기 때문입니다. 그날 우리는 몇 시간씩 같은 자리에 앉아 장과 장을 넘기면서 하나님 말씀을 몰두해 읽곤 했습니다. 우리는 하나님의 영광을 목격하곤 했습니다. 그때 하나님 말씀을 읽으면서 얼마나 큰 행복을 느꼈는지 기억하십니까? 우리는 성경을 가방이나 주머니에 늘 휴대하고 다니면서 말씀을 읽었습니다. 사무실이나 집에서는 책상이나 선반에 성경을 놓고 일하는 도중 틈틈이 꺼내 읽곤 했습니다. 우리는 잠깐 휴식을 취할 때도 성경을 들었습니다. 그리고 성경을 펼치는 순간, 우리의 오른손 엄지손가락이 닿는 곳을 읽으리라 하나님과 우리 자신에게 약속했습니다.

우리는 그 짧은 구절을 읽었습니다. 그리고 보았습니다. 하나님께서 그 짧은 순간에 보여주시는 말씀의 귀함을 똑똑히 보았습니다. 지금도 하나님 말씀을 읽을 때 그런 것들이 보입니까? 아니면 더 이상 보이지 않습니까? 지금은 말씀을 읽는 것이 무거운 짐이 되어버렸습니까? 우리 양심과의 일종의 타협이 되어버렸습니까? 그저 '읽기 위해' 말씀을 읽습니까? 그렇다면, 이제 그렇게 하지 마시기 바랍니다.

또한 이전에 우리는 우리 삶에 관계된 문제들도 잘 볼 수 있었습니다. 우리가 가정생활에서 자신에게 얼마나 엄격했는지 기억합니까? 말하고 행동하는 것에 대해서뿐 아니라 생각하는 것에 대해서까지 우리 자신을 얼마나 엄하게 대했는지 기억합니까? 사랑하는 가족들을 불친절하게 대해 예수님의 마음을 근심하게 했을 때, 그것 때문에 얼마나 괴로워했는지 기억합니까? 지금도 그러합니까? 지금도 이전처럼 우리 자신에게 엄격합니까?

또한 이전에 우리는 주변 사람들도 잘 볼 수 있었습니다. 새로 회심한 성도들이 자신의 주변 사람들을 새로운 빛으로 보기 시작할 때, 그것을 보는 우리 마음은 기쁨으로 범람합니다. 새로 회심한 신자들은 주변 사람들을 예수님의 눈으로 보기 시작합니다. 예수님이 그들을 위해 십자가에서 보혈을 흘리셨음에도 그들이 영원히 죽을 수밖에 없는 영혼으로 살고 있음을 가련하게 여깁니다. 영원히 죽을 수밖에 없는 영혼들이 아무 생각 없이 구세주를 멸시하고, 그분의 보혈을 발로 짓밟는 것을 볼 때 회심한 성도들의 마음이 찢어질 듯 아픈 것이 그런 이유입니다.

그런데 우리는 처음 회심했을 때, 그런 것을 그냥 참고 있지 못했습니다. 우리는 그런 모습을 볼 때마다 그들을 찾아갔고, 그들이 죄 가운데서 사망을 향해 나아가고 있음을 일깨워주었습니다. 처음에 그들은 예의를 갖추어 친절하게 우리를 대했고 우리가 하는 말을 경청했습니다. 그러나 나중에는 "이제 그만 할 수 없어요? 당신의 그 지긋지긋한 설교 때문에 살 수가 없잖아요!"라고 말하며 버럭 화를 냈습니다. 우리도 곧 그렇게 느끼기 시작했습니다. 우리의 권면으로 그들을 피곤하게 만드는 것보다 조용히 있는 것이 바람직하다고 느끼기 시작했습니다. 그래서 우리는 조용히 하려고 노력했습니다.

그러나 직장이나 학교에서 그들과 함께 생활하면서 침묵하려고 노력했을 때, 영원히 멸망할 수밖에 없는 그들의 영혼을 향한 슬픈 사랑의 눈물이 우리의 볼을 타고 하염없이 흘러내렸던 것을 기억합니까? 그때 우리는 주변 사람들의 영혼을 잘 볼 수 있었습니다.

그런데 지금도 그러합니까? 우리 주변 사람들을 바라볼 때, 그들 영혼을 볼 수 있습니까? 아니면 그들을 바라볼 때, 영원히 죽을 수밖에 없는 그들 영혼을 더 이상 보지 못할 만큼 우리의 영적 시력이 못쓰게 손상되었습니까?

그리스도인들 가운데 다른 영혼의 필요를 더 이상 보지 못하는 이들이 많습니다. 그들은 날마다 생활에서 만나며 접촉하는 믿지 않는 영혼들을 하나님께 데려와야 한다는 것을, 그 믿지 않는 영혼들이 그들을 통하여 하나님께 오게 되기를 하나님께서 무엇보다 바라신다는 것을 더 이상 보지 못합니다.

아! 오늘 이 시대에 길 잃은 양들에 대한 책무를 느끼지 못하는 그리스도인들이 얼마나 많은지 모릅니다. 그럼에도 우리에게서 더 이상의 영적 각성 운동이 일어나지 않는 이유를 묻는 이들이 여전히 있습니다. 그것은 이상한 일이 아닙니다. 그러나 나는 다른 영혼의 필요에 대해 책임감을 느끼지 못하는 성도들이 너무도 많은 이때, 하나님께서 정말 경이로운 이적을 베푸시어 우리에게 영적 각성을 보내실 수 있으리라 믿습니다.

치유 받고자 하는 마음이 없는 사람들

우리는 무엇을 원하고 있습니까? 정말로 치유 받기를 원하고 있습니까? 정말로 다시 보게 되기를 원하고 있습니까? 성급히 대답하지 말고 잠시만 생각해보시기 바랍니다. 위 질문은 매우 심각한 것입니다. 당신이 정말로 치유 받기를 바라는지 잘 생각해보시기 바랍니다.

당신은 "물론 치유 받기를 바랍니다!"라고 대답할 것입니다. 자신의 영적 질병을 깨닫고도 치유를 바라지 않을 성도가 단 한 명이라도 있을까요? 그러나 불행하게도, 그런 성도들이 많이 있습니다. 그들도 처음에는 제법 잘 시작합니다. 그들은 하나님께서 그들의 옛 자아, 이기적인 자아를 제압하시도록 하나님의 역사에 순종합니다. 그들은 일체의 유보조건 없이 자신들을 하나님께 내어 맡깁니다. 하나님께서 그들의 마음을 그리스도의 사랑으로 가득 채우십니다.

그러나 어느 순간, 아마도 영적 영양 결핍으로 인해 영적으로 쇠약해지기 시작합니다. 그들 삶에 변화가 일어납니다. 그들은 "몸을 사려!"라고 유혹하는 자의 목소리를 경청하기 시작합니다. 그들은 이기적인 자아를 따라 자신들의 입장을 합리화하기 위한 타당한 이유를 숱하게 만들어냅니다. 그리고 그런 다음에는 무엇보다도 자신의 위안과 기쁨과 이익을 먼저 추구하는 유형의 신앙, 곧 '희생 없는' 기독교 신앙으로 느리지만 분명하게 떠내려갑니다.

그들은 이렇게 함으로써 자신들에게 편안하고 안락한 유형의 기독교 신앙, 옛 아담도 세상도 사탄도 반대하지 않는 유형의 기독교 신앙을 공급합니다. 그리고 그런 형태의 기독교 신앙과 결별하려는 마음을 조금도 갖지 않습니다.

그들은 그것을 자신을 위한 특별한 은혜의 선물로 간주합니다. 그들은 자신의 생활의 체험과 인간 본성에 대한 지식과 약삭빠른 머리와 잔꾀를 모두 동원하여 그런 유형의 신앙적 삶을 매우 실제적이고 현실적인 방법으로 계획할 수 있기 때문에 처음 믿음의 삶을 시작했을 때처럼 갈등이나 어려움에 빠지지 않습니다. 그들은 치유 받고자 하는 마음을 가지고 있지 않습니다. 그들은 자신의 시력을 다시 회복하는 것에 아무 관심이 없습니다. 그들은 현재 가지고 있는 시력보다 더 예민한 시력을 원하지 않습니다. 자신들의 인생을 고단하고 힘들게 만들 것이 자명한 그런 시력을 도무지 원하지 않습니다.

영적 시력을 손상시키는 원인 1

우리의 영적 시력에 손상을 일으키는 것이 무엇일까요? 물론 죄입니다. 우리의 영적인 눈을 공격하는 것이 바로 죄입니다. 그러나 우리의 영적 삶의 시신경을 공격하는 것이 죄 자체는 아니라는 점을 주목해야 합니다. 왜냐하면 가장 추잡한 죄라 하더라도, 우리가 일체의 합리화를 배제하는 신실한 마음으로 하나님 앞에서 즉각 자백하는 한, 우리의 영적 시력을 파괴하지 못하기 때문입니다.

또한 거꾸로 가장 작은 죄라 하더라도, 우리가 하나님 앞에 나아가 그 것을 죄로 시인하는 대신 오히려 변명하고 방어하고 심지어 아름답게 치장하는 한, 우리의 영적 시각을 약화시켜 마침내 파괴하기에 충분하기 때문입니다.

우리는 지금 결정적인 중요성을 지닌 논제에 대해 논하고 있습니다. 그 논제가 결정적인 것은 그것이 우리가 성화의 과정에서 앞으로 나아갈 것인지 퇴보할 것인지를 결정해줄 뿐만 아니라 우리가 영원히 구원받을 수 있을지 없을지도 결정해주기 때문입니다. 또한 우리가 신자의 삶에서 떨어져 나가느냐 아니냐 하는 것이 바로 이 지점에서 시작되기 때문입니다. 자백하지 않은 죄는 우리의 영적 시력을 손상시켜 마침내 아무것도 볼 수 없는 실명(失明) 상태를 야기합니다.

눈이 나쁘면 온 몸이 어두울 것이니 그러므로 네게 있는 빛이 어두우면
그 어둠이 얼마나 더하겠느냐 마 6:23

성도들에게 특별히 위험한 것이 두 가지 있습니다. 개인적인 차이점을
충분히 고려하더라도 대다수 그리스도인에게 이 두 가지보다 더 위험한
것은 없을 것입니다.

첫째는 돈입니다. 지금 우리의 재정 상태는 어떠합니까? 돈이 많은지
적은지를 묻는 게 아닙니다. 우리 자신과 우리의 돈, 그 둘 중에 누가 주
인 노릇을 하고 있는지를 묻는 것입니다. 우리가 우리 돈의 주인인지, 아
니면 우리의 돈이 우리의 주인인지를 묻고 있는 것입니다.

지금 당신이 돈의 종노릇을 하고 있는지 그 반대인지 나는 잘 모릅니
다. 그러나 하나님께서 우리의 심령을 회개로 이끄신 적이 있다면, 처음
회개했을 때 하나님께서 우리를 모든 수단의 주인으로 만들어주셨다는
사실을 알았으리라 생각합니다. 우리는 그때를 잘 기억할 것입니다. 그때
우리는 하나님과 친밀하게 연합하여 살았고 경제적인 모든 문제들을 하
나님과 의논했습니다. 궁핍한 사람들에게 물질을 베풀고자 할 때나 주님
의 일을 위해 바치려고 할 때는 물론이고, 무엇을 구입하려고 할 때나 팔
려고 할 때 하나님의 뜻을 물었습니다. 그때 우리와 하나님 사이에는 정
말로 친밀하고 허물없는 관계가 구축되었습니다.

그러나 우리 안에는 옛 아담도 있었습니다. 그것은 언제나 물질과 탐욕
의 충실한 종노릇을 합니다. 우리 안에 있는 옛 아담, 옛 본성, 죄의 본성
이 돈으로 제일 먼저 하기를 바라는 것은 '자기 뜻대로' 하는 것입니다.

옛 아담은 돈 문제에 관한 한은 하나님이 매우 비상식적이라고 늘 생각합니다. 그리고 사실 하나님이 낭비가 심하다고 생각합니다.

그 결과 우리는 우리의 재정 문제를 우리 스스로 처리하려는 유혹에 직면했고, 마침내는 굴복하고 말았습니다. 우리는 우리의 재정 문제를 스스로 처리함으로써 그것을 더욱 튼튼한 기반 위에 올려놓을 수 있으리라 생각했습니다. 그리고 이후부터 우리의 재정을 우리 자신이 관리하기 시작했습니다. 물론 우리는 그렇게 함으로써 기독교 신앙을 버리려는 의향이 조금도 없었습니다. 우리는 이전처럼 계속 말씀을 읽었고 계속 기도했습니다.

그러나 그럼에도 우리는 변화를 알아차리지 않을 수 없었습니다. 하나님과 다시 접촉하는 것이 불가능한 것처럼 느껴졌기 때문입니다. 우리는 기도를 시작할 때마다 우리 스스로 관리하는 그 돈 문제 이외에는 아무것도 생각할 수 없었습니다. 왜 그랬던 것일까요?

하나님의 영(靈)께서 우리 마음을 불안하게 만들기 위해 자비로 역사하고 계셨기 때문입니다. 하나님의 영께서 우리를 불안하게 하기 위해 우리가 기도하는 동안 계속 "돈! 돈! 돈!"이라고 우리에게 외치셨기 때문이었습니다.

성경을 읽을 때도 동일한 현상이 되풀이되었습니다. 말씀을 읽을 때마다 이상하게 돈과 돈을 사랑하는 것에 관한 말씀이 계속 눈에 들어왔습니다. 우리는 마치 성경이 오직 돈에 대해서만 말씀하는 것같이 느꼈습니다. 예배당에 가거나 집회에 참석했을 때도 마치 모든 설교자들이 오직 돈에 대해서만 설교하기로 합의를 본 것처럼 오직 돈에 관한 설교만 들렸습니다. 전에는 돈을 사랑하는 것에 대한 말씀을 그렇게 자주 읽고 들은 적이 없었습니다.

그러나 지금은 모든 말씀과 설교가 돈에 관한 것으로 들립니다. 우리의 양심이 바로 그 점에서 매우 심하게 짓눌러 있기 때문입니다. 하지만 돈을 사랑하는 것만이 우리의 은밀한 죄일까요?

영적 시력을 손상시키는 원인 2

또 다른 질문을 해보겠습니다. 이것이 두 번째로 말하고 싶은 위험입니다.

지금 우리의 가정생활은 어떠합니까? 우리의 가정은 잘 돌아가고 있습니까? 가족들이 서로 사랑하고 있습니까? 서로 진심으로 대하고 있습니까? 특별히 이 질문은 결혼한 사람들에게 중요한 의미를 던집니다. 우리는 배우자와 함께 사랑하고 친밀하고 용서하는 관계를 구축하고 있습니까? 부부가 서로를 진심으로 대하며 행복을 맛보았던 때를 기억하고 있습니까? 그 당시 느꼈던 그 깊고도 평화로운 기쁨은 절대 잊지 못할 것입니다.

그때 배우자와 함께 성경을 읽었고, 함께 무릎을 꿇었고, 함께 기도했고, 함께 찬양했고, 하늘과 땅의 모든 것에 대해 함께 이야기를 나누었습니다. 그때 부부는 물질적으로 풍요롭지 않아 단칸 셋방살이를 하면서도 그리스도인 가정의 놀라운 행복을 한껏 누렸습니다. 이 땅의 어느 곳도 우리 가정만큼 낙원에 가까운 곳이 없었습니다.

그러나 인간들 가운데 완벽한 이는 아무도 없습니다. 인간은 모두 뾰족하게 모난 면들을 가지고 있습니다. 그래서 두 사람이 결혼한 부부로서 매일 살을 맞대고 살아갈 때, 그 모난 면들로 상대를 찌르는 일들이 종종 일어납니다.

그래서 어느 날, 남편 혹은 아내가 우리에게 날카로운 말을 던졌습니다. 우리는 더 날카로운 말로 응수했습니다. 순간, 두 사람이 미처 깨닫기도 전에 두 사람은 끔찍한 장면의 주인공이 되어버렸습니다. 그렇게 한참 설전(舌戰)이 펼쳐진 뒤, 하나님의 영(靈)께서 우리를 찾아오시어 말씀하셨습니다.

"네 배우자에게 용서를 구해!"

"알겠습니다!"

우리는 대답했습니다.

"용서를 구하는 것은 문제가 아닙니다. 그러나 이번에 먼저 용서를 빌어야 할 사람은 제가 아닙니다!"

"그건 네 말이 맞아."

성령께서 말씀하셨습니다.

"하지만 너도 용서를 구해야 할 만큼 충분히 잘못하지 않았니?"

그래서 우리가 먼저 배우자에게 용서를 구했습니다. 그때 우리와 우리 배우자가 얼마나 행복했는지 기억할 것입니다. 자신을 낮추는 것은 정말 좋은 일입니다. 그리고 우리 모두는 먼저 용서를 구하는 것이 진정으로 자신을 낮추는 행동이라는 사실을 느끼고 있습니다. 그러나 이런 일이 자꾸 반복되었습니다. 그래서 마침내 우리는 지치기 시작했습니다. 우리는 혼잣말로 말했습니다.

"이번에도 또 내가 먼저 사과해야 하는 것인가?"

결국 우리는 배우자에게 용서를 구하는 것과 관련하여 완전히 무감각해졌고, 급기야는 가정에서 가장 완고한 사람이 되어 작은 가구의 위치까지도 우리 뜻대로 결정해야 속이 시원해지는 지경에 이르고 말았습니다. 그러나 그것도 우리에게 행복을 주지 못했습니다.

이후 우리는 모든 것을 중단하게 되었습니다. 위로 하나님을 향해서 뿐만 아니라 우리와 배우자 두 사람 사이에서도 모든 것을 그만두게 되었습니다. 배우자를 진심으로 대하는 것도, 함께 기도하는 것도, 함께 찬양하는 것도, 하나님의 것들에 대해 함께 이야기를 나누는 것도 모두 그만두게 되었습니다. 기껏 남은 것이라고는 가정예배밖에 없었지만, 우리는 그것마저도 간략하게 해치우고 말았습니다. 이와 같이 많은 그리스도인 가정들이 파멸의 나락으로 추락하고 있습니다.

물론 남편과 아내 두 사람 가운데 어느 한쪽도 하나님을 섬기는 것을 버리지 않았습니다. 그러나 두 사람은 이제 더 이상 그런 것에 대해 서로 이야기를 나누지 않습니다. 그들은 부부이면서도 따로 그리스도인의 삶을 살아갑니다. 한 사람은 거실에서 한 사람은 부엌에서, 한 사람은 서재에서 한 사람은 부엌에서 각자 그리스도인의 삶을 살아갑니다.

영적 시력의 회복

치유 받기를 원합니까? 아마 우리는 내가 앞에서 이 질문에 성급하게 대답하지 말고 숙고하라고 요청한 이유를 알았을 것입니다. 치유 받는 것이 무엇을 의미하는지 이해하게 되었을 테니 말입니다.

우리의 영적 시력이 회복되면, 우리는 이전과 같은 방식으로 계속 살아갈 수 없습니다. 우리의 죄를 깨우쳐주시는 하나님의 영(靈)의 역사에 굴복해야 할 것이기 때문입니다. 하나님의 영께서는 우리가 탐욕에 찌든 욕심쟁이요 부정하고 더러운 돈벌이를 사랑하는 사람이라고 줄곧 말씀해오셨습니다. 그러나 우리는 우리가 그저 경제관념이 투철한 사람일 뿐이라고 말함으로써 우리 자신을 계속 변호해왔습니다.

그러나 우리의 영적 시력이 회복되어 하나님이 옳다는 것을 시인하게 되면, 우리는 우리의 재정 문제를 이기적으로 관리하는 것을 포기해야 할 것이며 하나님께서 우리를 하나님 뜻대로 처리하시도록 모든 것을 맡겨야 할 것입니다. 그렇게 할 마음이 있습니까?

아내나 남편을 부당하게 대접해온 우리도 영적 시력을 회복해 우리 자신이 저지른 심각한 불의를 깨달았을 때, 이전과 같은 삶을 지속하면 안 됩니다. 우리는 자신을 낮추어야 할 것이며, 지금까지 부당하게 대했던 배우자 앞에 서서 "나를 용서해주오. 우리 가정이 이렇게 불행하게 된 것은 전부 내 책임이오!"라고 말해야 할 것입니다. 그렇게 할 마음이 있습니까? 그렇게 할 수 있겠습니까?

그리스도인들의 다양한 모임 안에는 참으로 불행한 영혼들이 많이 있습니다. 평화나 기쁨이나 강인함이 없는 불행한 영혼들이 많이 있습니다. 떨쳐버리기를 바라지 않는 죄, 그래서 그리스도께 자백하려 하지 않는 죄에 수족을 결박당한 불행한 영혼들이 많이 있습니다. 하나님의 영께서 계속 죄를 상기시켜주심에도 변명과 항변을 늘어놓을 뿐 자신의 죄라고 자백하려 하지 않는 죄에 꽁꽁 묶인 채로 살아가는 불행한 영혼들이 참으로 많습니다.

그런 불행한 영혼들 역시 속박에서 해방되기를 간절히 갈망합니다. 그들은 선한 양심으로 하나님과 화목하게 지냈던 때를 기억합니다. 한때 그들은 아무것도 숨기는 것이 없는 투명한 관계를 하나님과 유지했습니다. 그들은 하나님의 눈을 응시할 수 있었습니다. 그들에게 죄가 없어서가 아니라 하나님께 숨기는 것이 아무것도 없었기 때문에, 모든 것들을 하나님께 아뢰기를 진정으로 소망했기 때문이었습니다.

그들은 하나님의 영을 무서워하지도 않았고, 하나님의 영께서 깨우쳐주시는 진리를 싫어하지도 않았기 때문에 무척 행복했었습니다. 오히려 하나님의 영께서 자기들에게 온전한 진리를 일깨워주신다는 사실을 알고, 바로 그 사실에서 행복과 안위를 느꼈었습니다. 그런데 지금 그들은 담벼락에 몸이 결박된 채 해방을 갈망하고 있습니다.

그러나 갈망하는 것 말고는 아무것도 하지 못합니다. 그들은 자신들의 해방에 아무 영향도 끼치지 못합니다. 그들은 완전 마비상태입니다. 이유가 무엇이겠습니까? 그들 자신의 죄로 인해 무능력하게 되었기 때문입니다. 그들은 자신들을 낮추지 못합니다. 너무 어려워서 하지 못합니다. 그들은 죄와의 관계를 단절하려고 결단하려고 할 때마다 스스로 움츠러듭니다. 예수님의 이 놀라운 말씀이 향하는 곳이 바로 그들이 있는 곳입니다.

"네게 무엇을 하여 주기를 원하느냐?"

우리는 속박에서 놓임을 받기 위해 우리가 해야 할 일들을 줄곧 생각해 왔습니다. 그 결과, 우리 삶에서는 아무런 변화도 일어나지 않았습니다.

우리는 속박에서 놓임을 받기 위해 행해져야 할 일들을 우리 자신의 힘으로 할 수 없습니다. 예수님 말씀을 다시 한 번 잘 경청하시기 바랍니다.

"네게 무엇을 해주기 원하느냐?"

바로 여기에 탈출구가 있습니다. 우리가 스스로의 힘으로 할 수 없던 것을 예수님이 우리를 위해 해주실 것입니다. 예수님은 포로된 자에게 자유를 선포하며 갇힌 자를 놓아주신다고(사 61:1 참조) 말씀하십니다.

우리가 해야 할 모든 것은 우리의 문제를 예수님께 아뢰는 것입니다. 그러나 우리는 '모든 것'을 아뢰어야 합니다. 우리가 죄를 범했다는 것을 아뢸 뿐 아니라 진리를 회피하려 했다는 것도 아뢰시기 바랍니다. 우리의 잘못된 행동들이 죄가 아닌 것처럼 가장하려 했다는 것도 아뢰시기 바랍니다. 우리가 지독히도 무거운 쇠고랑에 단단히 결박되어 있기 때문에 우리 자신의 힘으로는 풀 수 없다고 아뢰시기 바랍니다. 그러면 예수님이 이적을 베푸시어 우리를 구원할 것입니다.

예수님이 우리를 구원해주시는 방법

예수님이 어떤 식으로 우리를 구원하시느냐 하는 것은 알기 쉬운 문제가 아닙니다. 우리가 주님의 놀라운 방법들을 언제나 알 수 있는 것이 아니기 때문입니다. 그러나 분명한 것은, 예수님이 우리 삶에 이적을 일으키신다는 사실입니다.

하지만 예수님은 바디매오를 치유하셨던 것과 매우 유사한 방법으로 우리를 치유하실 것이라 생각합니다. 바디매오는 시력이 회복되었을 때에 예수님을 보았습니다. 예수님은 이적적인 방법을 통하여 우리가 예수님을 볼 수 있게 함으로써 우리를 구할 것입니다. 우리가 예수님을 본 이후로 많은 시간이 지났습니다. 내가 위에서 묘사한 것처럼 우리가 죄를 자백하지 않아 우리의 내적 삶에 불행한 일들을 초래한 이후, 우리는 예수님을 보지 못했습니다.

사실 요점은, 그때 이후로 지금까지 우리가 예수님을 보지 못하고 있는 것이 우리의 진짜 불행이라는 점입니다. 우리는 분명 예수님을 보기 원했고 또 노력했습니다. 그러나 아무 결과도 보이지 않았습니다. 왜 그러할까요?

자백하지 않은 우리의 죄! 바로 그것이 우리 눈앞에 높이 솟아올라, 우리의 눈이 십자가를 보지 못하게 가로막았기 때문입니다. 우리의 내적인 눈은 이전처럼 그리스도를 찾았습니다. 그러나 사방팔방 어디를 바라보아도 십자가는 볼 수 없었습니다. 우리는 익히 알고 있는 말씀의 약속들을 읽었습니다. 그러나 아무 위안도 얻을 수 없었습니다. 설교를 듣고 또 들었지만 이전과 같은 영혼의 공허함과 불안함을 지닌 채로 돌아갈 수밖에 없었습니다. 우리는 하나님의 영께 도움을 구했습니다. 그러나 그분께서는 아무 평화도 주시지 않았습니다. 사실 하나님의 영께서는 우리에게 평화를 주실 수가 없었습니다. 죄를 짓고도 자백하지 않는 우리에게 평화를 주었다면, 그것이 곧 우리를 영원한 멸망으로 이끄는 것을 의미했을 것이기 때문입니다.

하나님의 영께서는 그렇게 하실 수 없었습니다. 대신 우리를 구원의 길로 인도하기 위해 반항적이고 악한 우리 영혼을 불안하게 만들고 안절부절못하게 만드셨습니다. 그리고 하나님의 영께서는 썩 좋은 결과를 얻으셨습니다. 하나님의 영께서 우리 마음을 너무도 불안하게 만드신 연고로 우리가 하나님에 대한 악한 태도를 더 이상 고집하지 못하고 지금처럼 이렇게 굴복했기 때문입니다. 우리가 지금 우리의 죄를 기꺼이 자백하고 있기 때문입니다.

이제 우리는 예수님을 다시 볼 수 있다!

이제 우리는 예수님을 다시 볼 수 있습니다. 우리는 아무것에도 방해받지 않고 십자가를 봅니다. 우리가 이전에 발뺌하고 항변했던 죄들을 자백하자마자 우리 시야에서 십자가를 가리고 있던 것들이 떨어져 나갔기 때문입니다.

이제 하나님의 영(靈)께서 우리에게 다시 그리스도를 선포하실 수 있습니다. 이제 하나님의 영께서 우리에게 다시 그리스도를 설명하실 수 있습니다. 이제 하나님의 영께서 우리의 모든 죄를 가져가신 하나님의 어린양, 우리가 스스로를 기만하면서 은밀하게 항변함으로써 갑절로 더 악하게 만들었던 죄까지도 모두 가져가신 하나님의 어린양을 가리킬 수 있습니다.

하나님의 영께서 우리가 익히 알고 있던 말씀의 약속들을 상기시키십니다. 그것들이 우리 귀에 정말로 새롭고 참신하게 들립니다. 하나님께서 잔뜩 오그라들어 두려워하는 우리 심령에 부드럽게 말씀하십니다. 우리는 더 이상 다른 사람의 믿음을 자신의 믿음인 것처럼 횡령하거나 다른 사람들이 받은 은혜를 도둑질하지 않아도 됩니다. 하나님께서 그 선하심을 우리 위에 부어주시기 때문입니다.

우리는 탕자의 아버지가 탕자를 받아주고, 가장 좋은 옷을 입히고, 발에 신발을 신기고, 손가락에 반지를 껴주고, 성대한 잔치를 베풀어주었을 때에 탕자가 느꼈던 것과 같은 부끄러움을 느낍니다.

자발적인 영에 의해 변화되는 삶

진실로 하나님의 은혜보다 더 측량하기 어려운 것은 없습니다. 진실로 우리가 '체험한' 은혜보다 더 측량하기 어려운 것은 아무것도 없습니다.

하나님의 은혜가 평화와 기쁨과 구원의 확신만 주는 것은 아닙니다. 하나님의 은혜는 능력도 줍니다. 하나님의 은혜는 우리가 남편이나 아내에게 먼저 다가가 용서를 구할 수 있는 힘을 줍니다. 하나님의 은혜는 탐욕에 찌든 우리 삶을 청산할 수 있는 힘을 줍니다. 우리는 하나님의 은혜가 어떻게 그런 일들을 하는지 이해하지 못합니다.

그러나 우리는 예수님을 보았기 때문에 그런 것들을 기꺼이 자진하여 행하고자 합니다. 우리는 사도 바울이 말한 깊고도 오묘한 진리를 체험합니다.

너희 안에서 행하시는 이는 하나님이시니 자기의 기쁘신 뜻을 위하여 너희에게 소원을 두고 행하게 하시나니 빌 2:13

쇠약해진 우리 그리스도인으로의 삶 모든 영역에 새로운 능력이 들어옵니다. 자발적인 영이 우리의 삶 속으로 다시 이동합니다. 그리고 그것으로부터 표현하기 어려운 변화가 일어납니다. 하나님께 죄를 감추고 자백하지 않아 불행해진 그 시기를 지나는 동안 우리가 얼마나 반항적이었고, 얼마나 제멋대로 굴었고, 얼마나 고집을 피웠습니까! 그때 우리는 그리스도인의 삶과 일에 참여하기를 원했지만 사실 우리의 주된 관심은 이전처럼 훌륭한 그리스도인으로 인정받는 것이었습니다.

그러나 신실한 성도들의 기대에 넌더리를 느끼지 않았던 게 과연 몇 번이나 되었습니까? 그들은 우리가 시간과 에너지와 관심과 물질을 희생하기를 기대했습니다. 그리고 언제나 새로운 요구를 했습니다. 우리는 돈을 걷기 위한 새로운 방법을 고안하는 것 이외에는 아무것도 하지 않는 것처럼 보이는 교회 지도자들에게 종종 화가 났습니다. 교회가 지나치게 많은 명목으로 돈을 걷는다거나 지나치게 많은 일에 관여하고 있다고 누군가가 불평할 때마다 우리는 속으로 몰래 안도감을 느꼈고 "이 세상에 제 정신으로 사는 사람이 적어도 한 사람은 있구나!"라고 자신에게 속삭였습니다.

그러나 우리는 자원하는 영이 우리의 심령에 들어온 이후 자신에게 놀라운 변화가 일어나고 있음을 느끼고 있습니다. 지금은 우리가 그런 일들을 하기를 소망하고 있기 때문입니다. 아무도 우리를 다그치거나 재촉할 필요가 없습니다. 우리가 희생과 봉사를 원하고 있기 때문입니다. 지금 우리 마음을 괴롭게 하는 것이 하나 있다면, 우리와 다른 모든 그리스도인이 주님을 위한 일에, 길 잃은 영혼들을 구원하는 일에 게으름을 피우면 어쩌나 하는 생각뿐입니다.

우리는 이제 보기 시작했습니다. 우리는 영원히 멸망할 수밖에 없는 영혼들과 그들의 필요를 봅니다. 우리는 그들과 함께 괴로워하고 그들을 위해 기도합니다. 우리는 온 마음을 다하여 주님의 일에 헌신합니다. 주님의 일에 가능한 한 많이 참여하는 것에서 기쁨을 느낍니다. 우리는 자진하여 헌신하는 모든 심령들과 포도원의 일에 일손을 더하는 모든 사람들을 인하여 하나님께 감사를 드립니다.

행복하게도, 이전에 우리의 영혼과 일에 어두운 그림자를 드리웠던 혹독한 비판의 영이 우리를 떠납니다.

가늠할 수 없는 사랑으로
우리를 보호하시는 하나님의 영

어찌하여 이렇게 무서워하느냐

갈릴리에서 대대적인 영적 각성 운동이 일어나는 중이었습니다. 사람들이 도처에서 모여들어 무리를 이루었고, 그 수가 너무도 많아 발에 발을 밟힐 지경이었습니다. 그래서 예수님은 바다를 향해 완만하게 기울어 있는 언덕에 무리를 앉히시고는 배에 올라 말씀을 전하셨습니다.

저녁이 되자 예수님은 제자들에게 갈릴리 호수 동쪽으로 건너가 잠시 쉬자고 제안하셨습니다. 하루의 고된 사역을 끝낸 예수님과 제자들 모두에게 휴식이 필요했기 때문이었습니다.

제자들은 예수님과 이야기를 더 나누기 원하는 몇몇 무리에게 작별인사를 건네자마자 노를 저어 호수를 건너기 시작했습니다. 선미(船尾)에 계셨던 예수님은 매우 피곤하셨던지라 딱딱한 바닥에 몸을 누이고 잠이 드셨고, 제자들이 베개를 베어드렸습니다. 제자들은 열심히 노를 젓고 있었습니다. 예수님은 그런 제자들을 말리지 않으셨습니다. 그들은 예수님만큼 피곤하지는 않았습니다. 예수님이 호수 동쪽으로 건너가자고 하신 까닭이 군중에게서 잠시 떨어져 있기 위함이라는 것을 잘 알고 있기 때문이었습니다.

그러나 예수님 자신은 너무도 피곤하여 즉시 잠이 드셨습니다. 제자들은 계속 노를 저었습니다. 그러는 동안 그들이 많은 것에 대해 이야기를 나누었으리라는 것은 의심의 여지가 없습니다. 그날이야말로 많은 체험을 한 날이었기 때문입니다. 그들은 대화에 열중한 나머지 폭풍이 다가오는 것조차 알아차리지 못했습니다. 순간, 갑자기 돌풍이 일더니 거대한 파도가 배를 덮쳤고, 배 안으로 물이 들어와 거의 침몰할 위기에 직면했습니다.

그런데 예수님은 여전히 깊은 잠을 자고 계셨습니다. 그래서 제자들은 다급하게 소리치며 예수님을 깨웠습니다. 잔잔한 어조로 말할 상황이 아니었습니다. 그들은 날카롭게 비명을 질렀습니다.

"선생님이여 우리가 죽게 된 것을 돌보지 아니하시나이까"(막 4:38).

이에 예수님이 일어나시어 바람과 바다가 알아들을 수 있는 말로 그것들을 꾸짖으셨습니다. 그러자 바람이 멈추었고 거칠게 요동하던 바다가 다시 평온을 되찾았습니다. 그렇게 하신 뒤에 예수님은 제자들을 돌아보시며 말씀하셨습니다.

"어찌하여 이렇게 무서워하느냐 너희가 어찌 믿음이 없느냐 하시니" (막 4:39).

그러나 제자들은 예수님의 이 말씀에 부끄러움을 느끼지 못했습니다. 오히려 그들은 이전보다 더욱 예수님을 두려워하게 되었습니다. 바람과 바다조차 순종하는 그분을 극도로 두려워하게 되었기 때문입니다. 그 항해는 제자들 모두에게 잊지 못할 중대한 사건이 되었습니다. 그러나 10킬로미터 남짓한 그 항해는 곧 끝나고 말았습니다.

신은 인간이 완벽하게 파악할 수 있어야 한다?

예수님이 편히 쉬시는 것은 쉬운 일이 아니었습니다. 어디를 가든지 어려운 형편에 놓인 사람들이 찾아와 도움을 요청했기 때문입니다. 배가 호수 건너편에 당도하자마자 저쪽에서 귀신 들린 미치광이 두 사람이 예수님을 만나려고 수풀 무성한 비탈로 뛰어 내려왔습니다. 그들은 이쪽을 향해 맹렬하게 고함과 비명을 질러댔습니다. 제자들 가운데 그 누구도 선뜻 배에서 내리려 하지 않았습니다. 이에 예수님이 하는 수 없이 앞장을 섰습니다. 그러나 예수님은 결코 무서워하지 않으셨습니다. 예수님은 배에서 내리시더니, 그 부정한 영(靈)들을 향해 즉시 그 불행한 두 사람에게서 떠나라고 명하셨습니다.

그러나 그 부정한 영들은 자기들을 그 지역에서 내쫓지 말고 근처의 산지에서 먹이를 먹고 있는 2천 마리가량의 돼지 떼 안으로 들어가게 허락해달라고 예수님께 간청했습니다. 그리고 이상하게도 예수님은 그 부정한 영들의 간청을 받아주셨습니다. 하지만 그 귀신들이 돼지 떼 안으로 들어가자마자 2천 마리가량의 돼지들이 난폭하게 변하더니, 즉시 바다를 향한 비탈로 내리달아 바다에 빠져 모두 익사했습니다.

이 이야기는 예수님이 귀신들의 간청을 들어주신 이유에 대해서 설명하지 않습니다. 나 역시도 그 까닭을 알지 못한다고 솔직히 고백할 수밖에 없습니다. 그러나 한 가지 주목할 점은, 그 이유를 모른다는 점에 대해 지금은 나 자신이 무척이나 행복해하고 있다는 사실입니다.

전에는 그렇게 생각하지 않았습니다. 전에 나는 많은 성경 교사들이 생각하는 것처럼 우리가 예수님이 말씀하고 행하신 모든 것을 이해하고 해석할 수 있어야 한다고 생각했습니다. 그러나 그런 생각은 매우 불행한 생각이요, 가장 엉뚱하고 믿기 어려운 해석을 낳는 매우 위험한 생각이 아닐 수 없습니다. 우리는 모두 하나님을 알고자 하는 욕구를 가지고 태어납니다. 그리고 많은 사람이 거기에서 지나치게 멀리 나가 자신에게 하나님을 완벽하게 파악할 권리가 있다고 주장하기도 합니다. 그들은 자신이 이해할 수 없는 하나님은 아무 소용이 없다고 생각합니다.

한때는 나도 그들의 생각에 완벽하게 동의한 적이 있었습니다. 그래서 나는 이 시대의 가장 큰 과제가 인간에게 또 다른 신(神), 인간이 완벽하게 이해할 수 있는 신을 제공하는 것이라고 생각하는 신학자들의 대열에 합류했습니다. 성경의 하나님은 내가 완벽하게 파악할 수 있는 하나님이 아니기 때문이었습니다. 그렇게 나는 인간이 완벽하게 이해할 수 있는 신을 만드는 일에 열중했습니다.

이 부분에서 독보적인 재능을 발휘한 것은 독일의 신학자들이었습니다. 그들은 선두에 서서, 현대인의 신은 어떤 신이어야 하는지에 대해 유럽의 거의 모든 신학자들에게 가르치기 시작했습니다. 현대인의 신은 과거의 인간들이 생각했던 것 같은 돌이나 나무로 조각한 형상이면 안 되었습니다. 절대 안 되었습니다. 현대인의 신은 신성(神性)을 지닌 영적 개념이어야 했습니다. 이런 생각은 현대인에게 신을 만들어주는 작업을 한층 더 어렵게 만들었습니다.

신학자들 내부에서도 세부적인 면에서 언제나 만장일치가 이루어진 것은 아니었습니다. 그러나 한 가지 면에서는 모두 의견이 일치했습니다. 그 한 가지란, 현대인의 신은 인간이 '파악할 수 있는' 신이어야 한다는 점이었습니다. 그렇게 우리는 하나님에 대한 영적 개념을 정립하고는 그 앞에 고개를 조아리고 경배했습니다.

그러나 나는 그런 신이 정말 나에게 아무 소용이 없다는 사실을 깨달았습니다. 물론 그 신은 내가 완벽하게 이해할 수 있는 신이었습니다. 내가 신학자들과 함께 직접 내 손으로 만들었으니 말입니다. 그러나 결정적인 문제는 그런 신과는 특별히 친밀한 관계를 발전시켜나갈 수가 없었다는 점이었습니다. 그런 신에게 이성적으로 충분하다고 판단되는 최소의 절제된 예배를 수여하려고 해도, 나 자신 안에서 솟아오르는 반감을 극단적으로 제압해야만 했습니다.

우리가 헤아릴 수조차 없이 크신 하나님

그러나 그때 내 인생에서 가장 주목할 어떤 일이 일어났습니다. 내가 하나님을, 살아 계신 하나님을 절실히 필요로 하기 시작한 것이었습니다. 어떻게 그런 일이 일어났는지는 지금까지도 설명할 수 없지만, 내 죄가 견딜 수 없이 무거워져 그 죄책감과 압력으로부터 벗어나지 않고서는 살아갈 수 없었습니다.

그리고 그것과 더불어 내가 완벽하게 이해할 수 있는 신과는 더 이상 잘 지낼 수 없다는 것을 깨닫는 놀라운 일도 일어났습니다. 나는 하나님을 찾지 않을 수 없었습니다. 자신의 생명으로 나의 죗값을 치르신 하나님, 세상 사람들을 불쾌하게 만드는 수수께끼인 십자가를 세상에서 높이 들어 올리신 하나님, 내 힘으로 그 길을 도무지 가늠할 수 없는 하나님께 가지 않을 수가 없었습니다.

성경의 하나님에 대해 가장 이해하기 어려운 십자가는 나의 뉘우치는 상한 심령에 가장 귀한 어떤 것, 없어서는 안 될 무엇이 되었습니다. 더욱이 그날 이후, 하나님도 십자가도 나에게는 더 이상 이해할 수 없는 어떤 것이 되었습니다. 그러나 그 사실은 내가 하나님을 믿고 사랑하는 것을 결코 훼방하지 못했습니다.

나는 하나님에 대해 알아갈수록 하나님은 내가 파악할 수 있는 분이 아니며, 또 마땅히 그런 분이어야 한다는 사실을 깨달았습니다. 하나님 안에 있는 불합리한 요소들, 이성을 초월한 요소들은 더 이상 나의 이성에 거침이 되지 않았습니다. 하나님은 나의 빈약한 이해력을 초월한 분이어야 한다는 깨달음이 더욱 분명해졌습니다. 그것이 하나님으로서 그분께 딱 알맞은 것임은 의심의 여지가 없습니다. 하나님께서는 단지 세상을 창조하는 데도 우리가 할 수 없을 뿐만 아니라 심지어 이해할 수도 없는 무엇을 하셨습니다.

나는 하나님을 완벽하게 파악할 수 없다는 데 대하여 나이를 먹을수록 하나님께 더욱 감사하고 있습니다. 하나님이 하나님을 파악할 수 있는 나의 이해력보다 훨씬 더 큰 분이 아니라면, 세상을 구원하는 것은 고사하고 다스릴 수조차 없을 것이기 때문입니다.

많은 사람들은 자기들이 완전히 이해하지 못하는 하나님을 신뢰하거나 의지하는 것이 불가능하다고 말합니다. 이론가들과 공론가들의 말과 글이 얼마나 얼토당토않은지 모릅니다. 자녀들이 있는 사람이라면 하나님에 대한 우리의 신뢰와 의지가 하나님에 대한 우리의 이해력에 따라 좌우되는 것이 아니라는 점을 쉽게 알 것입니다. 자녀가 부모를 의지하고 신뢰하는 것이 제 부모를 완벽하게 이해하고 파악하기 때문인가요?

자녀들은 부모에게 가능한 것이든 불가능한 것이든 모든 것에 대해 묻습니다. 그 모든 것이 당연하고 자연스러운 것입니다. 그런 방법을 통하여 그들의 어린 마음이 자아의식과 자기표현에 도달하기 때문입니다. 그러나 자녀들의 질문 가운데는 그들이 너무 어려서 이해할 수 없기 때문에 우리가 대답해주지 않는 것들도 있다는 것은 부정할 수 없는 사실입니다.

대체적으로 남자 아이들이 질문을 많이 합니다. 내 아들 하나가 그런 것들에 대해 질문했을 때, 나는 "아가, 지금은 말해줘도 모를 거야. 나중에 크면 다 말해줄게. 그때는 다 알아들을 수 있을 거야!"라고 대답했습니다.

내가 그런 식으로 대답했을 때, 그 아이가 어떤 반응을 보였을 것이라 생각합니까? 자기 방으로 들어가 문을 쾅 닫고 엉엉 울면서 "아들이 묻는 모든 것들에 대답해주지 않는 아버지와는 함께 살 수 없어요!"라고 소리 쳤을까요?

그렇지 않습니다. 아들은 아무렇지도 않게 내 방에서 뛰어나간 뒤 여느 때처럼 문을 닫는 것도 잊고 달려 나가 다른 아이들과 어울려 놀았습니다. 내가 그의 모든 질문에 대답하지 않았어도, 그는 늘 그랬던 것처럼 제 아빠에 대한 순진한 신뢰를 버리지 않았습니다.

그렇습니다. 우리가 천국의 영광 가운데서 하나님을 볼 때까지 하나님 께서 우리의 질문에 아무 대답도 해주지 않으시더라도 하나님을 의지하고 신뢰하는 것이 가능합니다.

더욱이 우리가 천국의 영광 가운데 들어가게 되어도 하나님께서 우리의 모든 질문에 대답해주실 것이라고 확신하지는 않습니다. 하나님의 길은 결코 헤아릴 수 없으므로 우리가 그것을 절대 완벽하게 이해하지는 못할 것이기 때문입니다. 대신 하나님께서는 우리가 하나님을 보게 될 것이라고 약속하셨습니다. 그때가 되면 하나님을 파악하려는 생각을 영원히 버리게 될 것입니다. 또한 그때가 되면 하나님이 정말로 이해할 수도 없고 헤아릴 수도 없이 크신 분이라는 사실을 깨달을 것입니다.

여담이 너무 길어진 것 같습니다. 돼지 떼 이야기로 다시 돌아가도록 하겠습니다. 돼지들은 바다에 빠져 익사했습니다. 그러자 돼지를 치던 사람들이 마을로 도망하여 기절초풍할 그 사건을 사람들에게 전했습니다. 이에 마을의 모든 사람들이 무슨 일이 일어난 것인지 보고 듣기 위해 현장으로 달려왔습니다. 거기 예수님이 서 계셨습니다. 아마 예수님은 말로 묻지 않으셨어도 행동으로 물으셨을 것입니다.

"내가 너희들에게 무엇을 하여주기를 원하느냐?"

그때에 그 사람들이 무엇이라 대답했는지 기억합니까?

예수님은 이때에 그들을 처음 방문하는 중이셨습니다. 예수님은 자신이 어떤 일을 할 수 있는지를 매우 명백한 방식으로 보여주셨고, 그들 모두가 아무도 손을 댈 수 없다고 생각했던 두 사람의 미치광이를 치유하심으로써 은혜와 자비를 나타내셨습니다.

그러나 그들이 마음을 모아 예수님께 간청한 것은 바로 "우리 동네를 떠나서 다른 곳으로 가주세요!"라는 것이었습니다. 그것이 그들이 예수님께 드렸던 유일한 기도였습니다. 그리고 그들은 그 점에서 똑같은 마음이었습니다.

우리가 이 이야기에 익숙하다는 사실만 아니라면, 이 사람들이 예수님이 자기들을 방문하고 계신 그 한 번의 기회에 "떠나주세요!"라는 말 이외의 다른 것은 아무것도 간청하지 않았다는 이야기를 읽을 때, 식은땀을 동반한 전율이 우리의 등을 타고 흘러내릴 것입니다. 그러나 여기서 주목해야 할 훨씬 더 심각한 사실은 바로 예수님께 자기들을 떠나 다른 곳으로 가달라고 청한 것이 이들만은 아니라는 사실입니다.

근 2천 년 동안 모든 나라에서 그런 일이 일어났기 때문입니다. 예수님이 자신의 뜻을 따라 사람들을 찾아가셨을 때, 모든 가족들과 모든 이웃들이 한마음으로 예수님께 그렇게 간청했기 때문입니다. 예수님은 온유하지만 엄하게 인간의 영혼을 향해 말씀하셨고, 그들 가운데서 권능의 역사를 행하셨습니다. 그들은 자기들 가운데 있는 분이 바로 예수님이라는 것을 의심할 수 없었습니다. 그리고 예수님은 그 권능의 역사를 통하여 그들에게 중대한 질문을 던지셨습니다.

"네게 무엇을 하여주기를 원하느냐?"

사랑하는 친구여! 당신은 무엇이라 대답했습니까? 당신도 그들처럼 "제게서 떠나주세요!"라고 간청했습니까? 기독교 신앙이 일으키는 동요와 양심의 질책을 면제시켜달라고 청했습니까? 평화롭게 죄를 짓도록 허락해달라고 간청했습니까? 당신은 한두 번이 아니라 여러 번 그렇게 청했다고 대답할 것입니다. 좋습니다. 인정하겠습니다. 예수님이 사람들 마음에 들어가려고 마음의 문을 두드리실 때 대부분의 사람들이 보이는 반응이 바로 그것이기 때문입니다.

그러나 잘 들어보시기 바랍니다. 예수님이 지금 다시 우리 마음의 문을 두드리고 계십니다. 우리가 거부하거나 멸시해도 예수님은 거기서 물러나지 않을 것입니다. 우리가 반항적인 태도를 보인다 해도 예수님의 사랑은 소진되지 않을 것입니다.

혹자는 말합니다.

"그래요? 그거 잘 됐네요. 제가 영원히 멸망할 일은 절대 없을 테니 말이에요. 지옥에 갈 일도 절대 없을 테고요. 그것이야말로 늘 염려하던 것이었거든요. 설교자들이 말하는 것처럼 하나님이 그렇게 사랑이 풍성하신 분이라면 어떤 영혼을 지옥에 던지는 그런 마음은 분명 가지고 있지 않을 거예요!"

좋습니다. 이미 세상을 떠난 많은 이들 역시도 그렇게 생각했습니다. 하지만 당신은 한 가지 중요한 것을 잊고 있습니다. 그것은 바로, 그리스도의 사랑이 완벽한 사랑이라는 점입니다. 그분께서는 우리를 위해 하늘을 떠나셨습니다. 그분께서는 우리를 구원하기 위해 자기 자신을 죽음에 내어주셨습니다. 그리고 영원한 지옥이 있다고 말씀하는 이도 바로 그분이십니다. 더욱이 그분께서는 하나님의 사랑도 그 사실을 바꾸지 못한다고 말씀하십니다.

그리스도께서는 자신이 모든 인간의 죄를 위해 죽었기 때문에, 자신이 인간들을 구원할 수 있기 때문에, 누구도 지옥에 가지 않아도 된다고 말씀하십니다. 그러나 또한 그분께서는 자신의 구원을 거부하는 사람은 지옥을 피할 수 없다고 말씀하십니다. 그리스도 자신조차도 그런 영혼들이 영원한 고통에 떨어지는 것을 막을 수 없다고 말씀하십니다.

그런 영혼들은 지옥에 갈 수밖에 없습니다. 그리스도께서 그들을 사랑하기를 중단했기 때문도, 그들을 불쌍히 여기기를 단념했기 때문도 아닙니다. 그들이 자기들 자신을 전능하신 하나님조차도 어찌할 수 없고 그들을 구할 방도를 찾을 수 없는 영적 상태에 갖다 놓았기 때문입니다.

죽음으로부터 우리를 구원하시는 하나님의 사랑

인간이 자신의 영혼을 그런 영적 상태에 갖다 놓는 일이 어떻게 일어날까요? 그것은 매우 조용하고도 단순하게 진행되는 과정입니다. 그리스도께서 우리 마음의 문을 두드리시며 구원해주시겠다고 제안할 때마다 우리와 다른 많은 사람들이 매번 해온 것이 그것입니다. 지금까지 그리스도를 거부한 것! 그것이 바로 우리 영혼을 그런 상태에 갖다 놓는 것입니다.

어떤 인간도 영혼의 생명을 지배하는 법을 무시할 수 없습니다. 하나님

의 영께서 내적으로 일으키시는 강력한 가책을 시시때때로 체험하면서
도 따르기를 거부하는 모든 사람들은 결과적으로 자신의 죄를 자각하는
능력을 상실하게 됩니다. 그리고 예수님은 오직 한 가지 방법, 곧 죄를 자
각시키는 방법으로 인간을 구원하십니다.

따라서 하나님의 은혜로우신 부름을 계속 멸시하고 거역함으로써, 죄
를 자각하는 자신의 영혼의 능력을 훼손하고 마침내 파괴하는 사람은 결
국 가망 없이 영원한 멸망에 빠질 것입니다.

그러나 하나님께서 하늘 높은 곳에 앉아 하나님을 멸시하는 인간들을
악의에 가득한 미소를 지으며 내려다보고 있다고 생각한다면, 그건 크나
큰 착각입니다. 하나님께서 가망 없이 멸망의 상태에 머물러 있는 인간들
을 보실 때에 어떻게 느끼시는지 알고 싶다면 누가복음 19장 41-44절의
짧은 이야기를 읽어보시기 바랍니다.

예수님은 십자가에 달리시기 전, 자신이 내놓았던 구원의 모든 제안을
거부하여 마침내 심판을 위해 무르익었던 도시 예루살렘 가까이에 가서
그곳의 영혼들을 바라보셨습니다. 그리고 몇 해 후에 그 패역한 도시에
임할 심판의 모습을 예언자의 눈으로 바라보셨습니다. 그리고 눈물을 흘
리셨습니다.

하나님이 바로 그런 분이십니다. 인간을 사랑하시는 하나님께서 인간

을 구원하기 위해 다른 모든 수단을 다 썼을 때에 하신 것이 바로 그것입니다. 하나님의 구원의 사랑은 우리 모두에게 둘 중의 하나, 곧 영원한 구원이냐 아니면 영원한 멸망이냐 둘 중의 하나를 의미할 수밖에 없습니다.

많은 사람이 죽음의 심각성에 대해 풍부한 감정을 실어 말합니다. 그것은 사실입니다. 죽음은 우리 모두에게 심각한 사실입니다. 그러나 삶의 심각성을 깨닫지 못하는 사람들이 너무 많다는 것이야말로 나를 끊임없이 놀라게 하는 불가사의의 원천입니다. 삶에는 분명 죽음과 관련된 위험보다 훨씬 더 심각한 위험이 관계되어 있습니다.

그러나 우리에게는 삶과 죽음 양자에 관련된 위험으로부터 우리를 자유롭게 해주시는 구세주가 있습니다. 그분께서는 우리의 삶의 죄를 용서해주심으로써 우리에게서 죽음의 독침을 제거하십니다.

영의 보호

초판 1쇄 발행　2010년 12월 17일
초판 2쇄 발행　2022년 10월 17일

지은이　오 할레스비
옮긴이　배웅준

펴낸이　여진구
편집　이영주 정선경 최현수 안수경 김도연 김아진 정아혜
디자인　마영애 노지현 조은혜 이하은
홍보 · 외서　진효지
마케팅　김상순 강성민 허병용　　　마케팅지원　최영배 정나영
제작　조영석 정도봉　　　경영지원　김혜경 김경희 이지수

303비전성경암송학교 유니게과정　박정숙 최경식
이슬비전도학교 / 303비전성경암송학교 / 303비전꿈나무장학회

펴낸곳　규장

주소　06770 서울시 서초구 매헌로 16길 20(양재2동) 규장선교센터
전화　02)578-0003　　팩스　02)578-7332
이메일　kyujang0691@gmail.com　　홈페이지　www.kyujang.com
페이스북　facebook.com/kyujangbook　　인스타그램　instagram.com/kyujang_com
카카오스토리　story.kakao.com/kyujangbook
등록일　1978.8.14. 제1-22

책값　뒤표지에 있습니다.
ISBN　978-89-6097-189-9　03230

규 | 장 | 수 | 칙

1. 기도로 기획하고 기도로 제작한다.
2. 오직 그리스도의 성품을 사모하는 독자가 원하고 필요로 하는 책만을 출판한다.
3. 한 활자 한 문장에 온 정성을 쏟는다.
4. 성실과 정확을 생명으로 삼고 일한다.
5. 긍정적이며 적극적인 신앙과 신행일치에의 안내자의 사명을 다한다.
6. 충고와 조언을 항상 감사로 경청한다.
7. 지상목표는 문서선교에 있다.

하나님을 사랑하는 자 곧 그의 뜻대로 부르심을 입은 자들에게는 모든 것이 合力하여 善을 이루느니라 (롬 8:28)

규장은 문서를 통해 복음전파와 신앙교육에 주력하는 국제적 출판사들의
협의체인 복음주의출판협회(E.C.P.A:Evangelical Christian Publishers
Association)의 출판정신에 동참하는 회원(Associate Member)입니다.